Dorothee Sölle

Den Rhythmus des Lebens spüren

Dorothee Sölle

Den Rhythmus des Lebens spüren

Inspirierter Alltag

Herausgegeben von
Bettina Hertel und Birte Petersen

Herder
Freiburg · Basel · Wien

Gedruckt auf umweltfreundlichem,
chlorfrei gebleichtem Papier

2. Auflage

www.herder.de
Satz: DTP-Studio Helmut Quilitz, Denzlingen
Herstellung: fgb · freiburger graphische betriebe 2001
www.fgb.de
ISBN 3-451-27556-2

Inhalt

Vorwort 11

Kapitel 1
„Wir alle sind aufgerufen, die Zeit zu heiligen"
Augenblick und Ewigkeit 13

Eine störung 14 – Die drei Gestalten der Zeit 15 – Achtsamkeit für das Jetzt 17 – Der Weg nach innen 20 – Das X im Herzen der Welt 21 – Ein heiliger Augenblick 22 – Der siebte Tag 23 – Königin Sabbat 25 – Eine Mystik der Gegenwart Gottes 26 – Ein Bild von der Zukunft 26 – Erinnerung und Gedächtnis 27 – Lebendige Vision 27

Kapitel 2
„Und ist noch nicht erschienen, was wir sein werden"
Menschsein und Bestimmung 29

Definitionen des erwachsenseins 30 – Jeder Mensch ist ein Geheimnis 31 – Ein Funke Gottes 31 – Zutrauen zu sich selbst 32 – „Geht aber der helle Morgenstern auf" 33 – Wer wartet, ist lebendig 37 – Eine zweite Welt 38 – Im Bilde Gottes geschaffen 39 – Beglückende Arbeit 40 – Den Menschen nicht kleiner machen 40 – „Ich" sagen 41 – Keiner wird aufgegeben 42 – Jeder ist für jeden verantwortlich 42 – Nach Hause kommen 44 – Im Fluss des Lebens 44 – Leben ist ein Geschenk 45 – Die vier Elemente berühren 45

Kapitel 3
„Gib mir die Gabe der Tränen, gib mir die Gabe der Sprache"
Angst und Trost 47

Deine angst meine angst 48 – Die größte Vollkommenheit 49 – Kyrie 50 – Die Verwandlung der Ängste 51 – Ein klagegebet 54 – Weinen und Trost 56 – Ein feigenbaum 58 – Eine Heilige unserer Tage 59 – Gib mir die gabe der tränen gott 61 – Der Heilige Geist tröstet 62 – Angst vor dem Getröstetwerden 64 – Eine frau aus dem volk der dene 65 – Klavier üben 66

Kapitel 4
„Du sollst die Liebe blühen lassen"
Sehnsucht und Hingabe 67

Gott behüte dich 68 – Je mehr ein Mensch liebt 69 – Du sagst mir was dich an mir erschreckt 69 – Vertrauen und Ekstase 70 – Bibel und Sexualität 74 – Die ersten Menschen 76 – Die pfirsiche sind reif in deinem garten 77 – Wir haben nie genug geliebt 78 – Annäherungsversuche in trauer und kurzer zeit 79 – Das Feuer, das unsere Liebe trägt 80 – Wohnen 82 – Mit dem eigenen Leben antworten 83 – Gott braucht unsere Liebe 83 – „Bei mir biste schejn" 84 – Eins werden mit der Liebe 85 – Die drei geschenke 86

Kapitel 5
„Gottes Schmerz umfängt meinen Schmerz"
Leid und Verletzlichkeit 87

Gebet zu ersten mose 32 vers 23 bis 33 88 – Gottes Schmerz und unsere Schmerzen 89 – Allmacht und Leiden 92 – Anteil nehmen 93 – Zur äußersten Aufmerksamkeit kommen 93 – Der schrei des leidens 95 – Ohne Schutz leben 96 – Das Kreuz wird grünen und blühen 98 – Der Trost der Heiligen 99 – Es gibt kein falsches Leid 99 – Etwas für Gott tun 101 – Die Zeit der Ohnmacht geht zu Ende 101 – Er wird abwischen alle Tränen 103

Kapitel 6
„Was tust du, fragt mich der Engel“
Gerechtigkeit und Verantwortung 105

Was hast du getan wird der engel mich fragen 106 – Hände, die heilen 107 – Wir alle können auch Wunder tun 108 – Am Mantel Gottes mitstricken 109 – Mütterlichkeit ist unteilbar 110 – Anne Franks Stimme 111 – Als sich eine schülerin das leben genommen hat 113 – Meditationen zu den Zehn Geboten 114 – Auf der Seite der Armen stehen 118 – Wie ich höre 119 – Gott braucht uns 120 – Antworten 123

Kapitel 7
„Einmal werden die Bäume die Lehrer sein“
Schöpfung und Verbundenheit 125

Vom baum lernen 126 – Kinder einer Mutter 127 – Von Gott geschaffen 127 – Heiliger franziskus 130 – An die Güte der Schöpfung glauben 131 – Ein anderes Verhältnis zur Erde 133 – „Grünkraft“ 135 – Die Erde dreht sich zärtlich 137 – Mitschöpfer werden 138 – „Blumen Christi“ 140 – Liebe zur Schönheit 141

Kapitel 8
„Der Friede ist ein Hirsekorn, klitzeklein“
Sanftmut und Gewaltlosigkeit 143

Kinderfragen 144 – Das Netz der Gewalt zerreißen 145 – Der dritte weg 147 – Zorn und Mut 148 – „Unsere Waffe ist, keine zu haben“ 150 – Ein brief 154 – Sehnsucht nach Gerechtigkeit 155 – Kampf und kontemplation 156 – Schalom 157 – Die verbreitung des windes 159

Kapitel 9
„Der helle Morgenstern geht auf in meiner Seele“
Freude und Glück 161

Der vorgang des sicherinnerns 162 – Die Freude wachsen lassen 163 – Den Staub aus der Seele vertreiben 164 – Glück und Schmerz 165 – Ich hätte dir gern die magnolien am broadway gezeigt 166 – Geteiltes Brot 167 – An die freude 168 – Vom Leben getragen 169 – Ein Lied voller Jubel 170 – Die tiefste Glückserfahrung 172 – Das Glück des anderen 173 – Tanzen und Springen 175 – Wie sehr loben ihn die kinder 178

Kapitel 10
„Nicht wir geben dem Leben Sinn, das Leben gibt uns Sinn“
Suchen und Gefundenwerden 179

Die himmelsleiter im central parc 180 – Engel 181 – Der sakrale Raum 182 – Gefundenwerden 183 – Zu besuch bei den armen im glänzenden manhattan 184 – Gotteshunger 186 – Ich dein baum 187 – Mystische Reise 188 – Der Wunsch, ganz zu sein 193 – Hunger nach Sinn 194 – Von ganzem Herzen 195 – Sinn und Sehnsucht 196

Kapitel 11
„Singen werd ich und dem Tod Land abgewinnen mit jedem Ton“
Sterben und Auferstehung 199

Über auferstehung 200 – „Frau, warum weinst du“ 201 – Mütter 204 – Übergang 205 – Gegen den tod 208 – Leichter werden 209 – Erinnere dich an gotama 211 – Die Umrisse des Gelobten Landes 213 – Die dreizehn Rosen 213 – Zur Sprache finden 215 – Jeremy 216 – Todesschrecken 218 – Die Welt – erlöst 219

Kapitel 12
„Wir gehen zur Stadt unserer Hoffnung“
Wünsche und Visionen 221

Wie spatzen sind meine wünsche 222 – Zusammengehören 223 – Hoffnungsgeschichten 224 – Den eigenen Psalm finden 225 – Gemeinsames Wünschen 228 – Von unserem Durst leben die Wurzeln der Welt 229 – Song auf dem weg nach emmaus 232 – Der längere Atem 234 – Befreie uns 236 – Visionen voller Hoffnung 238 – Sheila erzählt 239 – Das veränderte Gesicht der Erde 240 – Wünsche für mein Leben 241

Nachwort 243
Quellenverzeichnis 245

Vorwort

Gott hat die Welt nicht so geschaffen wie eine Töpferin einen Topf, ein Konstrukteur eine Maschine schafft, als ein fertiges Ding, das man wegwirft, wenn es nicht mehr funktioniert. Die Schöpfung ist bestimmt von einem Rhythmus, einem Wechsel, den wir als Tag und Nacht, Sommer und Winter, Ebbe und Flut, Wärme und Kälte, Jugend und Alter erleben. Wenn Gott in der biblischen Erzählung am Ende schließlich alles „sehr gut" ansieht, so ist nicht Perfektion, ewige Dauer, unveränderlicher Bestand gemeint, sondern dieser Rhythmus des Lebens.

Ich liebe ihn. Der Wechsel der Jahreszeiten ist für mich nicht eine bedauerlich Panne, etwas Vermeidbares, sondern ein Teil des – fast möchte ich ganz altmodisch sagen „irdischen" – Lebens, das von und in diesem Wechsel lebt. Was mir Angst macht, ist die technokratische Sicherheit, dass jederzeit alles, was es auf Erden gibt, verfügbar und käuflich ist: Erdbeeren auch im Dezember, Frühling für Touristen jederzeit, Sex auch im Alter und Spaß, in der Weltsprache „fun" genannt, immerzu. Das Element der Zeit, das Kommen und Gehen, der Rhythmus des Lebens wird in die Verfügbarkeit hinein aufgehoben. Je virtueller die Welt wird, desto weniger brauchen wir es noch wahrzunehmen, dass die Blätter an den Bäumen kommen und gehen. Schulkinder wissen nicht mehr, dass eine Zwiebel, in die Erde gesteckt, Zeit braucht, um ein winziges grünes Spitzchen hervorzutreiben; sie kennen viele Knöpfe, die man drücken muss, um etwas an- und abzustellen, aber nicht mehr den Rhythmus des Lebens – das wir nicht gemacht haben.

Dass wir immer noch zulassen, dass und wie die Schöpfung vom Allmachtswahn und der Besitzgier Stück um Stück vor unsern Augen zerstört wird, ist mir am deutlichsten in diesem Gefühl: Gott hat sich das wohl anders gedacht. Wenn ich mit andern zusammen wiederhole: „Ich glaube an Gott den Schöpfer...", so ist das nicht eine Erklärung oder gar eine Analyse der Welt, es bedeutet eher eine Liebeserklärung, die sich auf diesen Rhythmus des Lebens bezieht. Wir können ihn spüren, wir können ihn erleiden. Wir können ihn sogar loben.

Dafür ist dieses Buch zusammengestellt, im Interesse einer neuen Spiritualität, die den Rhythmus des Lebens kennt und akzeptiert. Wir können uns selbst unterbrechen in dem, was wir geläufig tun, um diesen Rhythmus des Lebens wahrzunehmen und uns in ihn einzustimmen. Er ist vor uns und nach uns da. „Das Große bleibt groß nicht, und klein nicht das Kleine, die Nacht hat zwölf Stunden, dann kommt schon der Tag", heißt es bei Brecht. Diese Hoffnung kann nur überleben, wenn wir lernen, einzuwilligen in den Rhythmus des Lebens.

Hamburg, Januar 2001 *Dorothee Sölle*

„Wir alle sind
aufgerufen,
die Zeit zu heiligen“

Augenblick und Ewigkeit

Eine störung

Während ich langsam lese
was auf dem achtteiligen pfad des buddha
die bare aufmerksamkeit
für mich werden könnte
springt doch der fleckige köter
der mir gestern die pfoten gleich auf die schultern schlug
übermütig ins zimmer

Während ich ohne erleuchtung suche
die bare aufmerksamkeit
die verspricht alle dinge neu zu machen
weil wir sie sehen werden wie zum erstenmal
legt sich der springende hund
vor dem ich gestern angst bekam
unter den schreibtisch

Während ich nicht einmal weiß
was ich denn brauche
auf dem achtteiligen pfad der erleuchtung
der ohne die bare aufmerksamkeit nicht erreicht wird
fängt ein mitgeschöpf an
meine eiskalten füße
zu wärmen

Der buddha lehrt nicht er kommt
der buddha kommt nicht er ist schon da
er ist nicht schon da er ist

Die drei Gestalten der Zeit

Gott begegnet uns in den drei verschiedenen Gestalten der Zeit. Wir brauchen einmal die Tradition von Gottesgeschichten, die andere vor uns erlebt haben. Diese Geschichten sind ganz unentbehrlich, und darum brauchen wir die Bibel so nötig. Weil wir nicht immer die Bibel schreiben können, darum haben wir sie zum Lesen. Dass schon einmal ein kleines Volk einer militärischen Großmacht entkommen ist und frei wurde; dass die Sklaven nicht ewig Sklaven bleiben und die Schulden erlassen werden, dass die Blinden sehen lernen und die Deutschen anfangen, den Frieden zu suchen – das sind solche Wundergeschichten, ohne die ich nicht einen Tag sein möchte. Sie stellen eine Tradition dar, die mich trägt. „Nicht du trägst die Wurzel, die Wurzel trägt dich", wie Paulus sagt (Römer 11, 18).

Gott begegnet uns auch – und das ist eine andere Dimension der Tradition – als die Verheißung, als das Versprechen der Zukunft. Einmal wird auch diese Macht des Militarismus und der Ausbeutung der Natur enden, die Menschen sind nicht so geschaffen, dass sie für ewig gequält und betrogen werden können. Wenn wir von Gott sagen, dass er ruft oder einlädt oder bittet, doch Erbarmen mit uns selber zu haben, dann sind das solche Gottesfäden der Zukunft. Gott ist, dass Gott kommt. Und wenn wir unsere Wünsche und Ängste austauschen und miteinander beten, dann ziehen wir die Zukunft Gottes näher zu uns.

Aber neben Vergangenheit und Zukunft brauchen wir von Gott auch seine Gegenwart, sein Hier-bei-uns-Sein, sein unverschiebbares Jetzt, das mystische Nun. Ohne dieses mystische Nun lässt sich der Text von dem Christus, der als erster geschaffen und als erster auferstanden ist, nicht verstehen. „In Christus gefiel es aller Fülle, Wohnung zu nehmen" (Kolosser 1, 19). Gott beschloss, die ganze Fülle in Christus wohnen zu lassen. Es war Gottes Wille, dass er die Fülle, die Größe und Weite und alles Geheimnis der Welt umfasse. Lässt sich das erfahren oder verstehen? Was meinen wir mit diesen Wörtern: Fülle des Lebens, Ganzheit, das mystische Nun?

Ich will ein Beispiel erzählen. Im Frühherbst 1970 verbrachte eine ökumenische Gruppe, zu der ich gehörte, die Nacht im Kölner Dom. Wir wollten für einige baskische Freiheitskämpfer, die zum Tode verurteilt waren, beten. Wir gingen gegen Abend in den Dom, beteten Psalmen und hörten, was in Spanien geschah, und ließen uns dann, als der Dom geschlossen wurde, einschließen. Bald danach kam ein Vertreter des Generalvikariats, dann ein Weihbischof und bedrängten uns, doch fortzugehen. Wir könnten ja später, an einem anderen Tag, wiederkommen und beten. Der Bischof nannte uns sogar einen Gebetstag in einem Monat – obwohl das Leben der Verurteilten jetzt auf dem Spiel stand. Da machte Heinrich Böll, der mit uns war, eine Bemerkung, die ich nie vergessen werde. „Aber Herr Bischof, man kann doch Gethsemane nicht verschieben!“ Gethsemane – das war jetzt. Christus – der war hier. Das Nun war die ganze kalte Nacht gegenwärtig. Die Verurteilten wurden zwei Tage später begnadigt.

Achtsamkeit für das Jetzt

Ein Name für ein neues Verhältnis zur Zeit, in dem wir uns vorbehaltlos in die Gegenwart hineingeben, ist der buddhistische der „Aufmerksamkeit". Eine Zen-Geschichte erzählt von einem Mann aus dem Volk, der eines Tages Meister Ikkyou fragte, ob er ihm nicht „ein paar Lehrsätze von höchster Weisheit aufschreiben" könne. Da nahm Ikkyou einen Pinsel und schrieb damit das Wort „Aufmerksamkeit". „Ist das alles?" fragte der Mann. „Willst du nicht noch etwas hinzufügen?" Darauf schrieb Ikkyou zweimal hintereinander das Wort: „Aufmerksamkeit." Der Mann meinte enttäuscht: „Deshalb sehe ich dennoch weder Feinheit noch Tiefe in dem, was du da schreibst." Da schrieb Ikkyou dreimal das gleiche Wort. Fast ärgerlich sagte der Mann: „Was soll dieses Wort Aufmerksamkeit nun schließlich bedeuten?" Und Ikkyou antwortete: „Aufmerksamkeit bedeutet Aufmerksamkeit."

Sie ist nicht herstellbar, wenn auch ihre Voraussetzungen eingeübt und gelernt werden können. Ich will mich an dieser Stelle, die abendländische Tradition verlassend, auf einen der wichtigsten gegenwärtigen buddhistischen Lehrer im Westen beziehen, auf den Vietnamesen Thich Nhat Hanh (geb. 1926), den ich zuerst während des Vietnamkriegs als einen führenden Vertreter der Friedensbewegung wahrgenommen habe; Martin Luther King hat ihn seinerzeit für den Friedensnobelpreis vorgeschlagen. Nach seiner Exilierung ging er als Meister des Zen und Lehrer der Meditation nach Paris und gründete 1982 die buddhistische Klostergemeinschaft „Plum Village" in Südfrankreich.

Seine Arbeit unter dem großen Titel „Achtsamkeit" (mindfulness) stellt ein anderes Verhältnis zur Zeit in den Mittelpunkt der meditativen Übungen. „Es gibt zwei Arten, das Geschirr abzuwaschen. Die erste ist, das Geschirr zu spülen, um sauberes Geschirr zu haben, und die zweite ist, das Geschirr zu spülen, um das Geschirr zu spülen." An diesem simplen alltäglichen Vorgang wird das, was in der Sprache des Mystikers Meister Eckhart das „sunder warumbe" ist, klar. Die erste Art besteht darin, sich zu eilen, um das Geschirr aus dem Weg zu bekommen und den längst erwarteten Tee zu trinken; das Spülen ist eine lästige Plage, die man möglichst ohne Aufwand von Kraft und Zeit hinter sich bringt. Die kritische Frage an diesen Alltag heißt: Was ist mit der Zeit in solchen Verrichtungen, was wird aus unserer Lebenszeit in diesen unwichtigen Augenblicken? „Wir sind nicht lebendig während der Zeit, in der wir Geschirr spülen, tatsächlich sind wir vollständig unfähig, das Wunder des Lebens wahrzunehmen, während wir an der Spüle stehen. Wenn wir das Geschirr nicht spülen können, sieht es so aus, als könnten wir auch unsern Tee nicht trinken." Wir denken immer an etwas anderes und sind unfähig, auch nur eine Minute unseres Lebens wirklich zu leben.

„Achtsamkeit" ist eine Art Einwurzelung im Hier und Jetzt, es ist eine durch bewusstes Atmen und Meditation geübte Fähigkeit, dazusein.

Dieses mystische Verhältnis zur Zeit ist grundlegend nicht nur für das „achtsam" werdende Ich, sondern auch für die Vorhaben und Ziele, die unsere Aktivitäten tragen. Ein Dasein für einen geliebten Menschen, der erkrankt ist, oder auch für einen vergifteten Fluss, muss von dieser Achtsamkeit getragen sein, sonst verkommt es in Aktionismus.

„Wenn Du von Deinem Kummer fortgetragen wirst, von Deiner Angst, von Deiner Wut, dann kannst Du auch nicht wirklich dasein für die Menschen und die Dinge, die Du liebst." (Thich Nhat Hanh)

Östliche Meditationspraxis kann die meditative Achtsamkeit auf jeden noch so trivialen Vorgang lehren. Sie lässt uns in jedem Augenblick lebendig sein und nicht nur in einigen wenigen. „Das Wunder ist nicht, auf dem Wasser zu wandeln, sondern auf der Erde zu gehen." (Thich Nhat Hanh) Die Zeit ist jetzt, und der Ort ist hier, und die Lebenszeit ist heute.

Was ganz anders ist als in der christlich geprägten Mystik, ist der in buddhistischer Meditation erlernte und geübte Weg zu diesem Zustand. Die Mystikforschung hat immer wieder zwischen fernöstlicher und westlicher Mystik den Unterschied zwischen Erlebnis- und Erleuchtungsmystik aufgebaut. Nur Grenzgänger haben versucht, diese Gegensätzlichkeit zu überwinden, und das heißt, das Erlebnis nicht allzu augenblicksbezogen zu dramatisieren und es nicht nur psychologisierend zu deuten. Vom Buddhismus lernen heißt in diesem Zusammenhang, das Erlebnis an die Übung, die auf Erleuchtung hinarbeitet, anzunähern und die Erleuchtung als das, was wir vielleicht – in theistischer Sprache – die Nähe Gottes in uns nennen, zu verstehen. Es geht mir dabei nicht um eine religiöse Gleichmacherei, wohl aber um eine nicht-polarisierende Lernfähigkeit.

Achtsamkeit für das Jetzt enthält auch eine kritische Anfrage an das lineare Zeitverständnis des Christentums; die alte Ausrichtung auf Eschatologie und die „letzten Dinge" hängt vermutlich zusammen mit dem tief gestörten realen Verhältnis westlich-abendländischer Menschen zur Zeit. Wenn „keine Zeit zu haben" ein Qualitäts- oder Erfolgsmerkmal ist, dann ist das ein Mangel an Achtsamkeit. Der große Religionswissenschaftler Friedrich Heiler pflegte zu sagen: „Europa braucht Ruhe, mit anderen Worten: Es braucht Buddhismus." Wenn es wahr ist, dass der Mandelbaum tatsächlich in deinem Vorgarten blüht, dann ist die Erfahrung weniger dramatisiert und beladen mit exklusiver subjektiver Einmaligkeit; sie will vielmehr in den Alltag. Dass in einer Gesellschaft von in Arbeit und im Konsum gleichermaßen Gehetzten ein anderer Sinn des eigenen Umgangs mit der Zeit entstehen kann, erklärt vielleicht die große Anziehungskraft buddhistischer Meditationspraxis heute.

Aus dem Zen leben bedeutet, beim Atmen atmen, beim Gehen gehen, beim Teetrinken Tee trinken. Das Halblächeln der Zenmeister auch bei langweiligen unerfreulichen Arbeiten oder Wartezeiten ist nah an dem, was Eckhart „Gelassenheit" nennt, die Achtsamkeit ist die Voraussetzung der Freude, und wie der Gang in einem Zentrum der Übung von Zeit zu Zeit daran erinnert, zu uns selbst im Hier und Jetzt zurückzukehren, so können wir alle „Glocken der Achtsamkeit" werden.

Der Weg nach innen

Atmen, Meditieren, Betrachten – es sind Versuche der Seele, „einen Ausgang (zu) tun aus der Welt, aus dem Fleisch, aus allen sinnlichen Gegenständen und darnach aus sich selbst, das ist aus ihrem eigenen Willen“, Versuche, das herrschende Ich zu verkleinern, ichlos zu werden, um so zu uns selbst zu kommen.

In diesen Versuchen ziehen wir uns anscheinend von der Wirklichkeit zurück, schließen die Augen, wie das Ursprungswort der mystischen Versenkung heißt. In Wahrheit nehmen wir ein anderes Verhältnis zur Wirklichkeit auf, eine ganzheitliche Beziehung, in der die Selektion, die unsere Interessen uns vorschreiben, entmächtigt wird. Darum zerstört auch ein religiöses Zweckdenken – ich meditiere, um eine Erfahrung Gottes zu machen – die Meditation. „Wer das werden will, was er nicht ist, gebe das preis, was er ist.“ (H. Seuse) Der Weg nach innen ist kein Spaziergang, bei dem man sich an den eigenen Gefühlen berauscht. Es ist eine Form der Selbsterfahrung, die unsere physischen und geistigen Normalzustände aufbricht, so dass Erfahrung, „die man früher Seele nannte“ (Laing), wieder möglich wird.

Das X im Herzen der Welt

Mystik taucht in den verschiedensten Religionen – aber auch außerhalb – als Erfahrung und gemeinsame Bewegung auf. In einem Bild gesprochen, stelle ich mir die Weltreligionen in einem Kreis vor, der sein Zentrum im Geheimnis der Welt, in der Gottheit hat. Die Anhänger der verschiedensten Religionen werden angezogen von diesem X im Herzen der Welt, dem sie Namen wie Allah, die Urmutter, der Ewige, Nirwana, das Unerforschliche geben. Aber nicht die Namensgebung und die Traditionsbildung sind das entscheidende, sondern wie weit die PilgerInnen auf dem Weg von der Peripherie des Kreises in sein Zentrum gelangen. Wie nah ist uns dieses unnennbare X? ist die eigentliche Frage. Und wir nähern uns dem Zentrum des Kreises so an, dass die Abstände zwischen den unterschiedlichen Ausgangspunkten der Peripherie immer kleiner werden, je näher wir dem Zentrum kommen. So werden auch die Unterschiede zwischen den einzelnen religiösen Zugängen immer unwichtiger: Im Herzen Gottes sind sie verschwunden. Je konfessionell orthodoxer wir auf bestimmten Positionen oder dem, was Eckhart die „Weisen“, die *modi,* nennt, beharren, desto ferner sind wir von den anderen, die nicht zur religiösen Sprachgemeinschaft gehören – wie auch vom Zentrum. Im Sinne dieses Bildes der Bewegung von verschiedenen peripheren Ausgangspunkten auf die Mitte zu wächst die Toleranz mit der wirklichen Frömmigkeit. Fundamentalismus, das heißt die extreme Fixierung auf bestimmte Vorstellungen, Rituale und Verhaltensweisen, ist die massive, oft gewaltsame Verleugnung des mystischen Kerns. Fundamentalismus ist in diesem Sinn nicht die Frucht jeder Religion, sondern eine Sache der Peripherie und der extreme Gegensatz zur Mystik.

Ein heiliger Augenblick

Die Religionsgemeinschaft der Quäker hat das Harren auf Gott mit der mystischen *praesentia Dei* (Gegenwart Gottes) in Beziehung gesetzt. Sie haben nicht auf einen Wundertäter oder ein Jenseits gehofft, sondern auf ihre persönliche Anteilhabe an der Rettung aller, ihr eigenes Freiwerden von Ängsten und Konventionen, von Zwängen und Mutlosigkeiten.

Am Anfang dieser Mystik steht das gemeinsame Schweigen. Die Freunde vereinigen sich in der Stille, mit der Stille, und miteinander. Es geht nicht um eine individuelle Meditation, die zufällig in einem Gruppenrahmen stattfindet. Indem alle sich nach innen wenden, stimmen sie sich aufeinander ein. Die Stille der Quäkerandacht ersetzt die im Protestantismus traditionelle Predigt, deren wohlgesetzte Worte die Stille, in der ich hören lerne, nur stören würden. Die Sakramente sind nicht nötig, der Lebensvollzug selber ist Sakrament.

Eine junge Frau hat das Miteinander im gemeinsamen Schweigen erlebt und beschrieben.

„Nach ungefähr einer halben Stunde wurde ich mir selbst gegenwärtig und kam zugleich in Beziehung zu den andern Mitgliedern des Meeting. Ich fühlte mich in Kommunion mit ihnen, ich spürte in einem tiefen Sinn eine Art Liebe zu ihnen und mich selber von ihnen geliebt. Merkwürdig an diesem Erlebnis war, dass ich einige Leute bei diesem Meeting noch nie getroffen hatte – und doch hatte ich das Gefühl, sie in der Tiefe zu kennen und dass sie mich tief wahrnahmen. Tatsächlich bot eine Frau dann einen gesprochenen Beitrag an und bezog sich direkt auf ein Problem, das mir schwer auf dem Herzen lag. Dieser Augenblick in meinem Leben war eine Erfahrung, die ich Gott nennen würde, ein besonders heiliger Augenblick in meinem Leben. Ich habe dann versucht, ihn in die übrigen Angelegenheiten meines Lebens zu integrieren, in einem beispielhaften Sinn, indem ich die Möglichkeit solcher richtiger Beziehung zu denen um mich herum erweiterte."

Was für viele eine außergewöhnliche, nur wenigen zustehende, esoterische Erfahrung ist, stellt für die Quäker eine normative Realität mystischen Lebens dar. Es ist das „Innere Licht“, auf das sich Quäker in jeder Andacht, in jeder Geschäftsversammlung, an jedem neuen Tag einlassen. „Das wahre Licht, das jeden Menschen erleuchtet, kam in die Welt“, heißt es im besonders geschätzten Johannesevangelium (1,9). Das Licht steht für das Weiterwirken des Geistes in jedem Menschen. Es ist, mit einem andern vielgebrauchten Ausdruck, „das von Gott“ in jedem Menschen.

Der siebte Tag

Die Zehn Gebote sind in alle Sprachen der Welt übersetzt. Diese Sprachen haben Wörter für „Himmel“ und „Erde“, für „Bildnis“ und für „Gott“; nur ein Wort ist unübersetzbar, das ist „Sabbat“, der Ruhetag, der Feiertag nach sechs Arbeitstagen – vielleicht das größte Geschenk des jüdischen Volkes an die Menschheit.

Ein jüdischer Theologe unseres Jahrhunderts, Abraham Joshua Heschel (1907–1972), hat für mich am schönsten ausgedrückt, was es mit dem Sabbat auf sich hat. Er tut das in einer androzentrischen Sprache, aber ich glaube, ich habe das Recht und er wird sich im Himmel freuen, wenn ich diese Sprache ein wenig „vermenschliche“. Heschel schreibt: „Was ist der Sabbat? Eine Erinnerung an aller Menschen Königswürde, eine Aufhebung der Unterscheidung von Herr und Knecht, reich und arm, Erfolg und Fehlschlag. Den Sabbat feiern bedeutet, unsere letzte Unabhängigkeit von Zivilisation und Gesellschaft zu erfahren, von Leistung und Angst. Der Sabbat ist eine Verkörperung des Glaubens, dass alle Menschen gleich sind und dass die Gleichheit der Menschen ihren Adel ausmacht. Die größte Sünde des Menschen ist es zu vergessen, dass er oder sie ein Königssohn, eine Königstochter ist. Der Sabbat ist eine Zusicherung dessen, dass jenseits des Guten das Heilige ist. Das Universum wurde in sechs Tagen geschaffen, aber der Höhepunkt der Schöpfung war der siebte Tag.

Die Dinge, die in den sechs Tagen ins Leben gekommen sind, sind gut; aber der siebte Tag ist ‚heilig'! Der Sabbat ist Heiligkeit in der Zeit."

Wir alle sind aufgerufen, die Zeit zu heiligen, sie zu einer Zeit der Befreiung zu machen. Im Mittelalter zum Beispiel, in den Zeiten harter Fronwirtschaft, waren die vielen Festtage der Heiligen ein Stück Sabbat für das Volk. Als die Reformation mit diesen vielen lokalen Heiligen aufräumte, zerstörte sie eine Nische der Freiheit und setzte das bürgerliche Arbeitsethos erbarmungslos durch. Heute erleben wir einen ähnlichen Umbruch, in dem jede Nische, jede unkontrollierte, uhrenlose Zeit zerstört wird.

In den Vereinigten Staaten habe ich oft an Banken oder Tankstellen oder Fast-food-Ständen ein Schild gesehen, das diese totale Herrschaft über die Zeit präzise ausdrückt: „24 hours a day, 7 days a week". Man könnte ja auch einfach sagen: „Immer geöffnet", aber das bringt den Herrschaftscharakter, die absolute Verfügung über die Zeit nicht so klar heraus. Und die öffentliche Leugnung des veralteten Sabbats, dieses Innehaltens, wäre dann nicht so klar. Dass Menschen außer Produktion und Reproduktion noch eine andere Zeit brauchen, Zeit zu atmen, zu ruhen, nichts zu tun, zu träumen, soll verschwinden. Der Sabbat ist eine Einrichtung, die die Maschinenhaftigkeit des Daseins stört, die das Funktionieren behindert. Niemand ist absoluter Herr der Zeit, und wir alle brauchen Unterbrechung, damit „Heiligkeit in der Zeit" aufscheinen kann.

Königin Sabbat

Gedenke des Sabbats, dass du ihn heiligst (2. Mose 20, 8), sagt die Bibel, und das ist eine fundamentale Kritik an der Erstarrung des Lebens, an der Routine, an der Vergleichgültigung. Falsch ist nicht nur unser Verhältnis zur Arbeit, weil es verdinglicht ist und wir Arbeit mit Lohnarbeit gleichsetzen, falsch ist auch unsere Freizeit, weil sie nicht zum Sabbat wird, nicht ‚gedenkt' und der Hoffnung nicht eine Gestalt gibt. ‚Gedenke des Sabbats' bedeutet eine Weigerung, das Geläufige zu tun. Der Sabbat ist eine große Geste der Selbstunterbrechung.

Ich denke an die Art, wie der Sabbat im jüdischen Stetl in Osteuropa gefeiert worden ist. Es war eine Welt von unvorstellbarer Armut, von Schmutz und Kälte, Hunger und Elend. Aber die Königin Sabbat kam und unterbrach das Übliche, das Normale. Ein weißes Tischtuch wurde in der kleinsten, schmutzigsten Hütte ausgebreitet, die Sabbatkerzen angezündet. Die Frauen legten den Schmuck, der nur in äußersten Notfällen verpfändet wurde, an. Der Arme tut, als sei er reich, der von Sorgen zu Boden Gedrückte richtet sich auf und sorgt sich nicht. Der und vor allem die hart Schuftende unterbricht den Alltag der Arbeit. Und ruht und gedenkt und erinnert sich, was ein Mensch ist: Sohn und Tochter des Höchsten, wie der Psalm sagt, wenig niedriger als Gott, mit Ehre und Schmuck gekrönt (Psalm 8, 6). Den Sabbat feiern bedeutet, feierlich sich selber zu unterbrechen, den zwanghaft gewordenen Kreislauf zu verlassen, ein Halt sagen der Selbstwiederholung gegenüber.

Eine Mystik der Gegenwart Gottes

Hat Gott Zukunft? Gottes Zukunft ist glaubbar nur in der Erfahrung von Gottes Gegenwart. Nur wenn wir die Gegenwart Gottes erfahren, können wir auch um die Zukunft Gottes beten oder von ihr träumen. Nur dann können wir den Unterschied von Utopie und Religion aufheben. Wenn es uns gelingt, wieder eine Mystik der Gegenwart Gottes mitzuteilen, eine Mystik, die zugleich den Widerstand, die Revolution Gottes enthält, nur dann können wir ernsthaft von der Zukunft Gottes sprechen.

Ein Bild von der Zukunft

Wartend malen wir uns ein Bild von dem, was werden soll. Wir brauchten einen, der unsere Krankheiten unauffällig beseitigt, unsern Wohlstand großzügig fördert, unsere Schwierigkeiten reibungslos glättet und unsere Langeweile anregend füllt. Dies alles tut Jesus nicht. Wer an diesem seinem Bild festhalten will, der tut besser daran, eines anderen zu warten. Fingen wir hingegen an, auf Gott zu warten, so müsste wohl zuerst die Erfahrung gemacht werden, die auch Johannes, dem exemplarisch Wartenden, nicht erspart geblieben ist: dass Gott die Bilder unserer Erwartungen zerstört.

Auf Gott warten heißt geradezu, sich die geplante und gewünschte Zukunft aus der Hand schlagen lassen und doch weiterwarten. Die Antwort, die Jesus dem auf das Reich der Gerechtigkeit und des Friedens wartenden Johannes gibt, ist sehr merkwürdig. Er behauptet nämlich, dieses Reich, von dem man auch einfach sagen kann, dass es darin besteht, dass Gott uns nah ist – Jesus behauptet, dieses Reich sei schon da. Er beschreibt es sogar detailliert: „Blinde sehen, Lahme gehen, Aussätzige werden rein, Taube hören, Tote stehen auf und Armen wird das Evangelium gesagt."

Erinnerung und Gedächtnis

Es gibt einen schönen klassischen Satz aus der Prozesstheologie, der sagt: „Gott ist Gedächtnis." – „God is memory." Wer sich vom Gedächtnis und von der Erinnerung trennt, trennt sich von Gott, trennt sich vom Grund des Lebens. In diesem Sinne gehört das Erzählen, das Sich-Erinnern ins Zentrum von Religion. Religionen sind, soweit wir das wissen, im Zusammenhang mit dem Totengedenken entstanden, im Zusammenhang mit dieser Grunderfahrung des Sterbens, dass jemand, der gerade noch da war, plötzlich nicht mehr da ist. Wo ist er/sie nun? Was passiert? Die Geister, die Toten – in welcher Beziehung stehen wir zu ihnen? Ich denke dabei nicht nur an Friedhofskulte und ähnliches, sondern an diese Grunderfahrung, dass wir ein Gedächtnis haben wollen. Vielleicht rührt mein Pessimismus der Gegenwart gegenüber daher, dass ich oft das Gefühl habe: Wir leben in einer Welt, die es zunehmend verbietet, dass wir uns erinnern.

Lebendige Vision

„Sag nicht: wir haben davon noch nichts gewusst!
Wird er, der die Herzen prüft, dich nicht durchschauen?
Er, der auf deine Seele achtet, er weiß es
und er vergilt dem Menschen nach seinem Tun."
Sprüche Salomos 24, 12

Eine Vision ist nicht nur ein Bild der Zukunft, sie ist vielmehr in allen drei Dimensionen der Zeit zu Hause. Sie lässt uns die Gegenwart anders wahrnehmen und hilft uns, in ihr neue Formen unserer Lebenspraxis zu entwickeln. Sie nimmt auch teil an der Vergangenheit und versucht, aus der Erinnerung zu lernen und uns mit denen, die vor uns waren, zu verbinden. Manchmal kommt es mir so vor, als wenn „Erinnerung" ein anderer Name für Gott wäre. Du sollst nicht vergessen, sagt dieser Gott. Vergiss nicht, dass das Leben ein Geschenk ist, kein Besitz. Dass es zum Weitergeben und Teilen gedacht ist, nicht zum Festhalten. Erinnere Dich an die Geschichte deines Volkes, die Dich im Guten wie im Bösen mitbestimmt. Du magst Traditionen als einengend oder zerstörerisch abwerfen, aber Du sollst sie nicht ohne Not verlieren oder vergessen; Du verarmst dich sonst selbst, Du schneidest dich ab vom Grund des Lebens. Das Gedächtnis ist eine menschliche Fähigkeit, ohne die wir uns selber vereinsamen. Gedächtnis haben zu wollen gehört zur Würde des Menschen, auch zu der eines Volkes.

„Und ist noch nicht erschienen, was wir sein werden“

Menschsein und Bestimmung

Definitionen des erwachsenseins

Gott fluchen am morgen
ihn loben am abend

Kluge zehen haben
das tanzen anfangen
die finger spitzen

Ein lehrer werden
die leidenschaft für die ungeschickten
genausein für die
die sprachlos gemacht worden sind
genauwerden mit ihnen

Arbeiten so
dass das ergebnis jederzeit im prozess aufscheint
lieben so
dass das ergebnis jederzeit
auch im schmerz
leuchtet
den morgenstern sehen er
bleibt nicht ewig aus
das glück nicht nur vom hörensagen kennen
es anfassen
mit verbrannten händen

Jeder Mensch ist ein Geheimnis

Nur darum kann Identität gestiftet und erfahren werden, weil Identität mehr ist als unsere bewusste Existenz und mehr als unser zeitliches Leben, weil unser ganzes Leben gegründet ist im Geheimnis des Absoluten. Wer bin ich? Die Antwort lautet: Gott kennt mich besser, als ich mich selber kenne, er kennt mich anders, als meine Umwelt mich kennt, länger und tiefer als alle, die etwas von mir wissen. Das bedeutet, dass meine Identität mehr ist, mehr sein kann als das, was jetzt schon von mir bekannt ist. „Und ist noch nicht erschienen, was wir sein werden" (1. Joh 3, 2). Es bedeutet, dass jeder Mensch ein Geheimnis ist, das in der sozialen Identität nicht aufgeht. Jeder Mensch ist ein Mysterion, etwas, das ich nur verstehe in der Vereinigung mit ihm. Lieben bedeutet nicht nur, den andern zu entdecken, es bedeutet auch, den andern in seiner unergründlichen Tiefe wahrzunehmen, in seiner Unzerstörbarkeit, eben in seinem von Gott Erkanntsein.

Ein Funke Gottes

Eine Freundin hat mir fast verlegen und stotternd ein mystisches Erlebnis anvertraut. Nach einer Zeit des Fastens und des Alleinseins hat sie ein überhelles Licht vor ihren Augen gesehen und mit einer Klarheit, die sie vorher nicht kannte, gewusst: „Es ist alles wahr, Gott ist da. Zu sagen: ‚Es gibt einen Gott!' wäre viel zu wenig, er ist hier bei mir. Alles, was Christus gesagt hat, die Seligpreisungen, sind ja wahr, wie konnte ich nur daran zweifeln oder irre sein an Gott und an mir selber." Diese Frau ist sehr rational und genau denkend, sie hat mir noch nie etwas Ähnliches erzählt, obwohl ich genau spürte, dass sie auf der Suche nach etwas war, das ich vielleicht jetzt eine größere Gewissheit nennen will, die größte Gewissheit, die es überhaupt gibt. Diese Gewissheit, diese Kraft Gottes strahlt manchmal aus Menschen hervor wie Feuer – aber sie steckt, funkenweise, in jedem von uns:

wir sind alle Mystiker. Die Quäker nennen das, was in jedem Menschen als der Funke ist, ‚das von Gott' in dir, that of God, und es ist in jedem. Ich habe einmal eine Studentin von mir sehr scharf kritisiert und angegriffen, da kam später eine andere Frau dazu, die Quäkerin ist, und fragte mich, ob ich denn ‚das von Gott' in der Studentin übersehen hätte. Da habe ich mich geschämt.

Zutrauen zu sich selbst

Ich denke, dass die Mystik die Würde des Menschen anders konstituiert als die herrschende Theologie. „Das Universum ist um deinetwillen geschaffen", heißt es in einer jüdischen Geschichte, die bei Buber überliefert ist. Rabbi Bunam nämlich sagte zu seinen Schülern: Jeder von euch muss zwei Taschen in seiner Jacke haben, um bei Bedarf in die eine oder in die andere greifen zu können. In der einen Tasche liegt ein Zettel, auf dem steht: „Das Universum ist um deinetwillen geschaffen." Auf dem Zettel in der anderen Tasche steht: „Du bist Staub und Asche". Wunderbar! Ich denke, dass die Leute in unserer Religion mehr den Aschen-Zettel in der Hand haben. Es fehlt diese wirkliche Selbstgewissheit, dieser hohe Mut, wie Meister Eckhart das nannte. „Gott könnte nicht ohne mich sein": Solch ein In-Gott-Sein bewirkt eine ungeheure Würde und Kraft. So wie wenn ich sage: „Du bist zur Liebe fähig! Es ist gar nicht wahr, dass du das nicht kannst oder dass alles verloren ist." Das gibt den Menschen Zutrauen zu sich selbst und zu anderen.

„Geht aber der helle Morgenstern auf“

„Wahrlich Herr, ich suche und finde in mir einen gar großen Unterschied. Fühle ich mich verlassen, so gleicht meine Seele einem Kranken, der nichts schmeckt, dem alles zuwider ist; der Leib ist schlaff, der Sinn schwer; in mir herrscht Herzenshärte, außen Traurigkeit. Was ich auch sehe, höre und weiß, verdrießt mich, wie gut es auch sei, denn ich weiß nicht, wie ich mich verhalten soll; leicht falle ich in Fehler, unschlüssig verhalte ich mich Feinden gegenüber, lau und kalt bin ich zu allen guten Dingen. Wer zu mir kommt, findet das Haus leer; der Hausherr ist nicht daheim, er, der guten Rat geben könnte und durch den die Hausgenossenschaft freudig gestimmt wird.

Geht aber der helle Morgenstern auf mitten in meiner Seele, so ist alles Leid verschwunden, alle Finsternis gelichtet, der Himmel wird hell und heiter, und mein Herz lacht; es freuen sich Sinn und Seele in mir; mir ist es so recht festlich zumute, und alles, was an mir und in mir ist, wird zu einem Lobe für dich. Was schwer, mühsam, unmöglich war, wird leicht und angenehm: Fasten, Wachen, Beten, Leiden, Meiden und alles Strenge in der Lebenshaltung wird zu nichts bei deiner Gegenwart. Gar manche Kühnheit kommt mich an, die mir in der Verlassenheit gefehlt hat. Die Seele wird so mit Klarheit, Wahrheit, Freundlichkeit durchtränkt, dass sie alle Mühsal vergisst. Ich kann frommen Herzens ohne Mühe betrachten, die Zunge voll Selbstbewusstsein sprechen, der Leib alles behende anpacken, und wer nur sucht, findet für all das, was er begehrt, klugen Rat. Mir ist dann, als wäre ich über Raum und Zeit hinausgewachsen und stünde in dem Vorhof ewiger Seligkeit. Ach, Herr, wer verleiht mir (dieses Zustandes) Dauer? Denn geschwind in einem Augenblick ist es vorbei, und ich stehe da, bloß und verlassen, zuweilen beinahe so, als ob ich jenes Glück nie erlebt hätte, bis es dann nach schwerer Herzensnot sich wieder einstellt.“
Heinrich Seuse

Auch dieser Text gibt eine Antwort auf die Frage: Wer bin ich? Wo finde ich meine Identität? Er beschreibt kontrastierend zwei Selbsterfahrungen, die er kennt. „Sometimes I'm up, sometimes I'm down“, wie es im Spiritual heißt. Aber was dort nur expressiv genannt und gesungen wird, ist hier sehr genau als zwei Zustände des Menschen entfaltet.

Der Text stammt aus dem „Büchlein der Ewigen Weisheit", das zwischen 1327 und 1334 entstanden ist und einen Dialog zwischen dem „Diener", wie Seuse sich selbst nennt, und der „Ewigen Weisheit" enthält. Der Inhalt ist eine Art praktische, nichtspekulative Mystik, Lebensanleitung und Glaubensunterweisung. Er ist zu verstehen auf dem Hintergrund einer der wesentlichsten Ängste und Bedrohungen des mönchischen Mittelalters, den verschiedenen Formen der Depression. Zahllose Predigten und Ermahnungen handeln von Traurigkeit, versuchen Ratschläge gegen die „inneren Gebrechen" zu geben, erzählen Beispiele von Menschen, die Depressivität überwunden haben.

Es ist wichtig, sich den düsteren Hintergrund des Textes innerhalb der mittelalterlichen Schwermut, der *acedia*, klarzumachen, weil man erst dann versteht, was Identität des Menschen mit sich selber hier bedeutet und mit welchen Mitteln einer strengen geistlichen Zucht diese Menschen gegen Identitätszerstörung gekämpft haben. Die Fähigkeit der Konzentration, der „Betrachtung", in meditativen Übungen erworben, kommt hier zum Tragen: Bestimmte Gedanken werden zurückgewiesen, auch Gespräche darüber mit einem Satz abgebrochen, andere Inhalte dagegen dem in der Traurigkeit Versinkenden angeboten und zugesprochen.

So wird vor allem versucht, dem Leidenden den Gedanken zu nehmen, seine Depression sei auf seine Sünde zurückzuführen; es wird die Selbstverachtung bekämpft. Die Bedrohung der Identität durch die *acedia* in allen ihren Formen ist das geheime Thema auch dieses Textes. Sie wird weder in der vitalistischen Interpretation naturalisiert noch mit Hilfe eines Über-Ich bekämpft und verdrängt, noch auch, wie in der Rollentheorie, ignoriert und dann den Psychiatern überlassen. Sie wird verstanden als eine psychische Realität, die den Menschen auf eine unendliche Vergewisserung seines Daseins hinweist, die er sich selber nicht geben kann. Ohne diese Vergewisserung des Sinnes unseres Lebens können wir nicht identisch leben, sondern uns nur motivationslos oder aktivistisch fristen. Die Ich-Stärke hängt ab von der Nähe Gottes, von „dem hellen Morgenstern in meiner

Seele“, dem Bewusstsein, nicht verlassen zu sein. Seuse fragt im Verlauf des Gesprächs, wie er aus dem Hin und Her, dem „mühseligen Spiel“ jemals herauskommen kann. Die ewige Weisheit weist ihn darauf hin, dass Unwandelbarkeit der Ewigkeit angehöre, in der Zeit aber gute und böse Tage wechseln. Das zweite Argument aber ist, dass Gottes Gegenwart doch immer da sei: „Wie lässt du Auge und Herz ohne Bedenken umherschweifen und hast doch das köstliche ewige Bild vor dir stehen, das keinen Augenblick von dir sich abwendet. Wie lässt du deine Ohren umhergehen, wo ich doch zu dir so manch liebevolles Wort spreche. Wie vergisst du dich so offensichtlich und bist mit des ewigen Gutes Gegenwart so ganz umgeben! Was sucht die Seele in irgendeiner Äußerlichkeit, die das Himmelreich so geheimnisvoll in sich trägt? Der Diener: Was ist das, Herr, das Himmelreich in der Seele? Die ewige Weisheit: Das ist Gerechtigkeit und Friede und Freude im heiligen Geist.“ Der Diener schließt daraus, dass Christus auf mannigfache geheimnisvolle Art in der Seele zugegen ist, „ihr selber unerkannt“, und dass er die Seele „auf verborgene Weise an sich zieht“.

Was bedeutet das Himmelreich „in“ der Seele? Ist sie nicht vollständig abhängig vom Auf- und Niedergehen des hellen Morgensterns? Aber das wäre ein mechanisches Missverständnis. Der Grund unserer Identität ist der Seele zwar nicht jederzeit erfahrbar, dennoch innerlich zugegen, auch dann, wenn wir ihn, in tausend Äußerlichkeiten verstrickt, nicht wahrnehmen. Die Identität wird nicht im Bereich des Sichtbaren gegründet und auch nicht im Bereich vergangener Erfahrungen, auf die wir uns zurückberufen könnten. In diesem Sinne ist auch das „Urvertrauen“ des Kleinkindes, jene „tiefe fast körperliche Überzeugung“, die Eltern im Kind erwecken, dass „das, was sie tun, sinnvoll ist“ und sich „gegen das Gefühl, beraubt zu sein, gespalten zu sein und verlassen zu werden“ (E. Erikson) durchhält, keine einmal gemachte Erfahrung, die man nur aus der Schublade des Inneren zu ziehen hätte. Wohl aber ist die Identität in der inneren Welt der Vergewisserung gegründet, die über das eigene Jetzt-Bewusstsein hinausgeht. Wir können dieses Bewusstsein erweitern und uns auf die Reise ins Innere, zu dieser Vergewisserung hin, machen. Erikson betont, dass das im Neugeborenen keimende Urvertrauen historisch-institutionelle Sicherung in einer organisierten Religion finden kann. Die Sprache einer Religion zu lernen, ihren Mythos und ihre Rituale zu vollziehen, stellt eine von der Gesellschaft angebotene Hilfe für den einzelnen dar.

Der „Grund" der Seele, in den sie sich fallen lassen kann, wird von Heinrich Seuse mit „Gerechtigkeit, Friede, Freude im Heiligen Geist" benannt. Lässt die Seele sich auf die Reise ein – statt motivationslos auf die nächste Außensensation zu warten –, kommt sie auf den Grund, so vergewissert sie sich wieder ihrer Identität. Dann „geht der helle Morgenstern auf mitten in meiner Seele".

Der Morgenstern ist ein altes Bild für Christus. „Von allen Sternen ist er der Sonne beständig gleich nahe; er kommt ihr niemals ferner noch näher und zeigt damit an, dass ein Mensch, der hierzu kommen will, Gott allezeit nahe und gegenwärtig sein soll, so dass ihn nichts von Gott entfernen kann, weder Glück noch Unglück noch irgendeine Kreatur." (H. Seuse) Es ist deutlich, dass an die Stelle dieses Sterns auch ein anderer Stern treten kann, z. B. ein geliebter Mensch, durch dessen Nähe und Vergewisserung wir ähnlich beflügelt leben können. Die Briefe der Mystiker sind voll von solchen religiös-erotischen Erfahrungen, und niemand kommt auf den seelenzerstörenden Gedanken, sie voneinander säuberlich zu trennen. Der Morgenstern zeigt die Nähe zur Sonne an; geht er in mir auf, so komme ich in die gleiche Nähe und brauche das „sometimes I'm up, sometimes I'm down" nicht mehr in derselben Schicksalhaftigkeit hinzunehmen. Ich „erinnere" mich der Erfahrungen, die schon im Licht dieses Morgensterns gemacht worden sind, und Sich-Erinnern ist ein wesentliches Moment des Weges nach innen. Ich gewinne darin ein Stück Befreiung von der erlebten Frustration. In diesem Sinn sind alle wesentlichen biblischen Aussagen über den Menschen nicht Beschreibung seiner Vorfindlichkeit, sondern Identitätsaussagen. Wenn der Mensch das „Ebenbild Gottes" genannt wird, der „Sohn des Höchsten", der „Herrscher der Welt", „berufen zur Freiheit", „vollkommen wie Gott“, fähig, Wunder zu tun, ein Wesen der Freiheit, nicht der Knechtschaft, der Gerechtigkeit, nicht der Unterdrückung, so sind dies alles Glaubens- oder richtiger Entwurfsaussagen, in denen die Identität des Menschen nicht von dem abgeleitet wird, was schon über ihn bekannt ist, sondern aus der Tiefe seiner Bedürfnisse.

Wer wartet, ist lebendig

Wichtig ist nicht, was einer ist, sondern was einer erwartet. Nicht wie das Leben sich vorfindet, ist entscheidend, sondern welche Möglichkeiten ihm offenstehen. Einen Menschen kennen heißt darum nicht: seine Vergangenheit überschauen, sein Wesen erklären, seine Lage beschreiben, als vielmehr sein Verhältnis zur Zukunft ansehen.

Das Entscheidende steht noch aus, oder: der Mensch ist das Wesen, das warten kann. Dass dies nicht von selbst kommt, sondern gelernt sein will, ist jedem klar, der kleine Kinder beobachtet, die solche Mühe damit haben, zu begreifen, dass „gleich“, „später“ oder „morgen“ nicht heißt: niemals. Wenn ein Kind das Warten lernt, dann bekommt es einen längeren Atem, es kann sich mehr und länger freuen. Es hat Zukunft. Alle Lebenden warten, das bedeutet nicht einfach ein Fortdauern in der Zeit, das über die Gegenwart hinausreicht. Ein Mensch kommt nicht so vom Heute ins Morgen wie ein Stein! Sich zur Zukunft verhaltend sorgt er, fürchtet er sich oder er hofft.

Aber es gibt doch auch Leute, die, wie Bert Brecht es in einem Gedicht formuliert hat, sagen: „So wie es ist, bleibt es. Was wir wollen, geht niemals.“ Warten ist in dieser Auffassung eine Dummheit, Hoffnung eine Illusion, die in der Sonne der Wirklichkeit dahinschmilzt. Aber kann ein Mensch auf die Dauer ohne Erwartung leben? „So wie es ist, bleibt es“, niemand bleibt konsequent dabei, dies zu sagen. „Denn bei allen Lebendigen“, so der Prediger Salomo, „bei allen Lebendigen ist, das man wünscht, Hoffnung. Denn ein lebendiger Hund ist besser als ein toter Löwe.“ Hier wird Leben mit Hoffenkönnen gleichgesetzt; wer nicht mehr wartet, ist tot. „So wie es ist, bleibt es“

– wenn etwas die Bezeichnung „atheistisch“ verdient, so alle, die derlei Redensarten im Munde führen. Freilich ist das kein endgültiges Urteil, weil Gott auch die nicht loslässt, die ihn abschreiben, indem sie die Zukunft leugnen. Bert Brecht legt diese Worte übrigens der Gewalt in den Mund, weil sie ein Interesse an solcher Behauptung hat, aber ihre besten Verbündeten, der Konformismus und die Resignation, werden ebensowenig müde, die Unveränderlichkeit der Welt zu betonen. Brecht antwortet den Resignierten, die die Zukunft an die Vergangenheit verraten:

Wer noch lebt, sage nicht: niemals!
Das Sichere ist nicht sicher.
So, wie es ist, bleibt es nicht.

Eine zweite Welt

Es ist eine ungeheure Fähigkeit des Menschen, die ihn unter anderem vom Tier unterscheidet, dass er sich eine zweite Welt erdichtet. Dass er eine Welt der Religion, der Mutter Gottes, der Schutzengel, der Hilfe, des Trostes also aufbaut, zelebriert, wiederholt, sich also des Sinns, der darin liegt, vergewissert. Das kann eine große Hilfe sein, es ist zweifellos eine Stärke. Manche marxistischen Kritiker der Religion kommen mir so vor, als wollten sie einem das Singen verbieten, da es ja nicht direkt die Produktionsverhältnisse ändert, und als sei das etwas absolut Überflüssiges und Unnützliches. Und gegen diesen Trend wehre ich mich, und ein bisschen ist die Religion tatsächlich so etwas wie Singen, nämlich nicht direkt zweckbezogen. Wenn ich eine Kerze aufstelle und an einen Menschen, der vielleicht in Schwierigkeiten ist, denke, mit anderen Worte bete, dann ist das kein zweckbezogener Akt.

Im Bilde Gottes geschaffen

Als ich Theologie studierte, lernte ich, dass Glauben Vertrauen auf Gott bedeutet. Aber jetzt scheint es mir nicht genug zu sagen, dass Glauben Vertrauen bedeutet, weil es dann so aussehen könnte, als wäre alle Kraft und Stärke bei dem, auf den man vertraut, und alle Schwäche bei dem, der vertraut. Jetzt möchte ich lieber denken, dass alles dem möglich ist, der glaubt. Das ist mehr als das Vertrauen eines Kindes auf den starken Vater, es bedeutet vielmehr, endlich erwachsen zu werden. Der Glaube wird real, wo Stärke und Schwäche zusammenkommen. Er bedeutet, ein Ebenbild Gottes zu werden, nach seinem Bild geschaffen.

Es ist nicht wichtig, menschliche Wesen als physische Abbilder Gottes anzusehen, es kommt vielmehr darauf an, dass wir uns selber ansehen als solche, die wie Gott handeln können, nämlich in einer mächtigen kreativen, Leben gebenden Art. Im Bilde Gottes geschaffen sein bedeutet, an Gottes Macht teilzuhaben, es bedeutet Mitschöpfer zu werden. Co-creator. Das sind nicht irgendwelche idealistischen und überoptimistischen Benennungen, sondern Erfahrungen, die wir selber kennen und die uns in der Mitte unseres Lebens betreffen. Denken wir an sexuelles Glück und an das Glück einer Arbeit, die uns erfüllt. Beide Erfahrungen sind selten genug, aber doch real. Wenn uns diese Stücke unseres erwachsenen Lebens gelingen, dann lernen wir uns selber neu kennen und werden tiefer mit dem Leben verbunden. Freud sagt in einer berühmten Definition, dass Gesundheit bedeute, arbeits- und liebesfähig zu werden. Damit ist genau die Partizipation an der Macht des Lebens gemeint, die der Mehrzahl der Menschen unserer Gesellschaft verweigert wird. Das biblische Bild für diese Anteilhabe an der Macht des Lebens ist, dass wir ein Ebenbild Gottes sind.

Die jüdische religiöse Tradition hat aus dieser Ebenbildlichkeit Gottes eine Lehre von der Nachahmung Gottes entwickelt, die wir in unseren Taten erreichen können. Gott nachahmen bedeutet sehr einfache Dinge: die Nackten kleiden, so wie Gott Kleider für Adam und

Eva machte; es bedeutet, die Toten begraben, weil Gott selber den Moses begrub; es bedeutet, die Hungrigen speisen, wie Gott den Elia durch Raben speiste. Es bedeutet, Gerechtigkeit herzustellen und nicht länger in der Ohnmacht zu verharren. Wir sind im Ebenbild Gottes geschaffen, weil wir wie Gott handeln und das Gegebene transzendieren können. Wir können Gerechtigkeit und daher Frieden herstellen.

Beglückende Arbeit

Gute, unentfremdete Arbeit ist ein menschliches Grundbedürfnis. Bedeutet Arbeit nur freudloses, leeres, phantasieloses Funktionieren, dann zerstört sie das Wesen des Menschen und macht krank, abhängig und unglücklich. Wenn unser Arbeitsleben von der Fluch-Tradition geprägt ist, dann müssen wir uns daran erinnern lassen, dass sinnerfülltes Arbeiten ein menschliches Ur-Bedürfnis ist und somit ein Recht der Menschen. Wir müssen uns selbst als Mit-Schöpfer verstehen, die konstruktive und beglückende Arbeit brauchen, durch die wir herausgefordert werden, die in uns schlummernden kreativen Fähigkeiten zu entwickeln.

Den Menschen nicht kleiner machen

Für mich gilt: Das Menschsein kann man nicht verschieben auf die Zeit nach fünf. Man kann nicht von neun bis fünf – oder wie lange auch immer – unmenschlich als Maschinenteilchen arbeiten und annehmen, man käme nach Hause und wäre dann Mensch. Das ist ein Grundirrtum, die Freiheit in die Freizeit zu verlegen. Wir müssen die Arbeit selber in dem Sinn humanisieren, dass wir darüber nachdenken, was die Arbeit mit dem Arbeitenden tut, was sie ihm antut, ob sie seinen Geist erweitert oder kleiner macht. Ich finde, viele Arbeit hat den Charakter, dass sie die Menschen viel kleiner macht, als sie eigentlich sind, wie wenn man in eine Schachtel gesteckt wird, die vorn und hinten zu klein ist. Die Menschen sind gar nicht so dumm, wie ihre Arbeit sie erwartet, so phantasielos, so geistlos, so organisationsunfähig.

„Ich“ sagen

Es ist vielleicht heute die schrecklichste Art, Christus zu kreuzigen auf fromme, auf dogmatisch korrekte Weise, indem man ihn zu einem Stück Überich macht, das, so wie es einen selber hinderte, ein Mensch zu werden, auch andere gefangensetzt, ohne sie wirklich zu verändern. Der in dieser Weise christlich erzogene oder richtig: verstümmelte Mensch wird unfähig gemacht zum Dialog mit sich selber, er kann nicht mehr mit sich umgehen, sein Glaubenmüssen ist der präzise Ausdruck seiner Ichschwäche. Der Pfarrer, der in einer entscheidenden Situation von Christus redet, statt Christus zu werden für den anderen, weiß nicht, was ein Mensch ist. Er hat nicht gelernt, mit sich selber umzugehen. Er hat vergessen, oder man hat es ihm nicht gesagt, dass der Glaube den Menschen gerade dazu ermutigt, „ich“ zu sagen, ohne sich auf eine Autorität zu berufen. Der Glaubende ist ein Mensch, der gelernt hat, „ich“ zu sagen ohne Überheblichkeit, die eine Form der Angst ist, mit einer Gewissheit, die man an Jesus von Nazareth ablesen kann, von dem nicht zufällig so viele Worte überliefert sind, die sein Ichsagen bezeugen: „Ich“ vergebe dir deine Sünde, „ich“ sage dir, steh auf, „ich“ rufe dich, komm mit – bis zu den großen Antithesen der Bergpredigt, wo Jesus sein „ich aber sage euch“ gegen die religiös gegründete und geheiligte Autorität des Mose stellt, oder bis zu den Worten, die der vierte Evangelist Jesus sprechen lässt und die ebenfalls in nicht überbietbarer Weise „Ich bin“ sagen. Ich bin das Brot, das Wasser, das Licht, das Leben.

Diese Worte sind von einer vollständigen Furchtlosigkeit getragen, nicht nur den Mächtigen gegenüber, die Jesus solcher Reden wegen verurteilten, sondern auch allen verinnerlichten Formen der Macht gegenüber, die uns von unserer Kindheit an begleiten und unsere Lebensfähigkeit, unseren Mut, unsere Hoffnung verstümmeln. In dieser Art, „ich“ zu sagen, erscheint Jesus als der nichtverstümmelte Mensch, dem nicht Gewalt angetan wurde, bis er sich unterwarf, der nicht gebeugt, gezähmt, gebrochen und angepasst wurde. Jesus hat etwas von dem Jungen im Märchen, der auszog, das Fürchten zu lernen, nur dass er es bis in den Tod hinein nicht lernte und andere noch in sein Furchtloswerden hineinzog. Diese Art zu leben setzt ein Ich voraus, das nicht mehr in den Spannungen zwischen Überich und Es kleingedrückt wird, sondern das diese Spannungen als die eigenen begreift, annimmt und integriert.

Keiner wird aufgegeben

Ich glaube das Versprechen und die Verheißung, die etwa in der Bibel ausgedrückt sind, dass jeder Mensch die Chance des ewigen Lebens hat, dass jeder dazu geboren ist, in den Himmel zu kommen, wenn ich mich so traditionell ausdrücken darf. Das heißt, dass keiner aufgegeben werden kann und auch keiner sein eigenes Leben aufgeben kann ... im Rahmen dieser Tradition – die uns dazu ermutigt, an einer Veränderung der Zustände zu arbeiten, so dass auch der einzelne ein erfülltes Leben gewinnen kann.

Jeder ist für jeden verantwortlich

Die christliche Tradition sieht den Menschen als schuldfähig an, ja sie erkennt seine Würde darin, dass er schuldig werden kann. Weil er schuldig werden kann, ist er ein Mensch, und nur solange er schuldig werden kann, ist er im vollen Sinn des Wortes ein erwachsener Mensch. Wenn er nur nach bestimmten, ihm vorgegebenen Gesetzen funktioniert, so tritt er sozusagen zurück in die Unschuld des Tieres. Es liegt schon eine ungeheure Verachtung darin, von jemandem zu sagen: „Lass ihn, er kann nicht anders.“

Man könnte nun darüber streiten, ob diese christliche Behauptung, dass der Mensch seine Würde gerade in seiner Schuldfähigkeit habe, wahr ist. Es könnte ja auch umgekehrt sein: Wenn wir es als unmöglich empfinden, uns einfach auf unsere Anlagen, unser Milieu und unsere Erziehung zu berufen und uns damit zu entschuldigen, so könnte das gerade ein Produkt der christlichen Erziehung selber sein, die wir, wie abgeschwächt auch immer, erhalten haben, einer Erziehung nämlich, die – nach der positivistischen Meinung – in uns übertriebene Ansprüche pflanzt, indem sie Kategorien wie Schuld überhaupt zur Geltung bringt. Man könnte, wie gesagt, über diese Frage streiten, aber ich befürchte, dass sie sich argumentativ nicht lösen lässt, sondern eine Entscheidung fordert. Wie sie ausfällt, hängt davon ab, wie hoch wir vom Menschen denken, wie wir seine Würde veranschlagen. „Übertrieben", nämlich über ein vernünftiges Mittelmaß hinausgehend, sind in der Tat alle christlichen Ansprüche des Menschen an sich selber, seine Hoffnungen ebenso wie seine Klagen, Schmerzen und Ängste. Ästhetisch betrachtet ist die Kategorie des Christentums in der Tat die Übertreibung: Es ist übertrieben, eine Panne als Schuld oder als Sünde anzusehen; es ist übertrieben, in das Paradies zu wollen, statt sich mit den Angeboten der Touristikunternehmen zu begnügen; es ist übertrieben, den Nächsten zu lieben, wenn Rücksichtnahmen und Einhaltung der Spielregeln doch auch genügen. Übertrieben ist es, Geliebtwerden und Liebenkönnen als „Himmel", Hassen dagegen als „Hölle" zu beschreiben. Die allergrößte Übertreibung aber, die sich das Christentum erlaubt hat, liegt im Begriff der Sünde, weil es hier die einigermaßen verrückte Behauptung aufstellt, dass wir auch an den Dingen schuldig sind, an denen wir uns nicht beteiligt haben, an dem Leiden anderer Menschen, das wir nicht verursacht haben. Immerhin, so meint der christliche Glaube, haben wir es nicht verhindert, dass es dem anderen so ergeht, und immerhin gibt es eine Solidarität, in der jeder für jeden verantwortlich ist.

Nach Hause kommen

Wie können wir denn wieder anfangen, neu anfangen, neue Menschen werden? Doch nur, wenn wir uns das Scheitern eingestehen. Was heißt denn „Umkehr zum Leben", wenn es nicht heißt: Der Weg, auf dem wir uns zur Zeit befinden, ist der Weg in den Tod. Das heißt doch wohl Umkehr zum Leben, sich herumdrehen und den Weg *nicht* mehr weitergehen, den wir als Volk, als Gemeinschaft, als Gruppe, als Kirche bisher gegangen sind, den Todesweg verlassen. Wenn der jüngere Sohn zurückkehrt zu seinem Vater, dann verlässt er den Weg in den Tod. Dann hört er auf, tot zu sein, wie der Vater dann sagt: „Dieser mein Sohn war tot und ist lebendig geworden." Er war für Gewalt und ist friedlich geworden. Er war für Ausbeutung der Natur und ist für einen sanften Umgang mit der Natur und anderen Technologien geworden. Er war für Aufrüstung und ist für Abrüstung geworden. Er ist umgekehrt. Er hat ein klares Nein ohne jedes Ja gesprochen. Und dieses klare Nein ohne jedes Ja, das ist seine Umkehr, das ist sein Nach-Hause-kommen.

Im Fluss des Lebens

Leben ist anders werden. Alle sieben Jahre wird alles, aus dem ich bestehe, alle Zellen, alle Blutkörperchen – alles wird ausgetauscht und ein anderes. Und nur meine Ideologie, mein Denken, meine Gewohnheiten, meine Diktion, meine Abhängigkeiten von bestimmtem Konsum bleiben vielleicht dieselben. Aber das wirkliche Leben ändert sich, und wenn man mit diesem Fluss des Lebens zu leben versucht und nicht ständig dagegen: das heißt anders werden.

Leben ist ein Geschenk

Das Tischgebet oder das Segnen erinnert daran, dass die Nahrung geschenkt ist, und das ist ein Symbol dafür, dass das Leben geschenkt ist. Es ist eine religiöse Grunderfahrung, dass das Leben nicht selbstverständlich ist, etwas, was man kaufen oder haben kann oder über das man eben herrscht und verfügt, sondern etwas, was vor uns da ist und dessen wir eigentlich gar nicht so sicher sein können, als wenn wir nur zu McDonald's gehen müssten. Und das zu vergessen, das zerstört das Leben. In diesem Sinn areligiös zu sein – und das ist die Mehrzahl der Menschen in unserer Kultur – ist katastrophal. Das ist nicht, dass ihnen nur eine Dimension fehlt, sondern ihnen fehlt die Ehrfurcht vor dem Leben, ein Verständnis von der Bedrohtheit des Lebens, ein Verständnis – um ein sehr großes Wort zu gebrauchen – von der Heiligkeit des Lebens. Und ich glaube nicht, dass man wirklich menschlich leben kann, ohne etwas davon zu wissen.

Die vier Elemente berühren

In einem der indianischen Texte wird erzählt, dass ein Mensch nur ein Mensch sein kann, wenn er jeden Tag in Berührung mit den vier Elementen ist, also mit Wasser, Feuer, Erde, Luft. Wenn ich mir meine Tage überlege: Da gibt es ja Tage, wo kein Wasser an mich kommt, kein Wind, solche Tage wie in Beton und Glas, wie eben Tausende von Menschen leben. Wo ich das Feuer nicht anfasse; wo ich also nicht richtig lebe nach indianischer Vorstellung, weil ich nicht verbunden bin, sondern mich abgeschnitten habe. Und das passiert ständig. Ich glaube, dass ein Teil der Suche der Menschen nach neuen Lebensformen auf solche elementaren Berührungen zurückgeht. Um eins zu sein mit dem Großen Geist, müssen wir mit den Elementen in Kontakt, in Kommunikation sein, wir müssen ihn mit unserer Haut spüren.

„Gib mir die Gabe der Tränen, gib mir die Gabe der Sprache“

Angst und Trost

Deine angst meine angst

Deine angst meine angst
du wirst sagst du von mir enttäuscht sein
du gehst sag ich bald fort
deine angst meine angst

Meine angst dass du etwas
und warum dann nicht alles vergisst
deine angst dass ich etwas
und warum dann nicht alles vermisse

Einen anruf versäumen
eine frage nicht stellen
ein glück nicht auffangen
einen kummer nicht lesen können

Meine angst deine angst
hätten wir glauben das wasser
hat uns noch immer getragen
sanft gehen die wolken
über dein gesicht

Die größte Vollkommenheit

Als Christ habe ich die Aufgabe, mich der objektiven Ungewissheit auszusetzen: Ich verunsichere mich durch das Mögliche; ich stelle mich der Angst.

Gottes bedürfen ist des Menschen größte Vollkommenheit; das ist ein klassischer theologischer Satz. Was der Philosoph Sören Kierkegaard herausgearbeitet hat, ist die Angst, die im Wort „bedürfen" steckt. Ohne Angsterfahrung und Angstannahme keine Menschwerdung.

In gewissem Sinn kann man sagen, dass Gott uns mit der Angst ködert; wer sich von ihr fangen lässt, sie probiert hat, sie auch mit den feinsten Saubermachmitteln nicht mehr los wird, hängt an Gottes Angel.

Kyrie

Herr wir bringen vor dich alle unsere angst
die angst alt zu werden und die angst vor dem tod
die angst allein dazustehen und die verlassen zu werden
die angst vor den aufgaben denen wir nicht gewachsen sind
und die angst davor nicht gebraucht zu werden
alle ängste bringen wir zu dir gott
die die wir kennen und die die hinter den bekannten lauern
herr erbarme dich

Christus wir bringen unsere traurigkeit zu dir
unsere müde milde verzweiflung
über die ausrottung unserer geschwister der tiere und pflanzen
und unser kaltes entsetzen über das geschäft
mit der entstehung des lebens
nimm unsere schwäche und unsere angst in dein herz
christus erbarme dich

Gott du dunkler grund allen lebens
wir bringen uns selber vor dich
dass du uns auffängst wenn wir fallen
und wir wissen dass wir nicht aus dir herausfallen können
in keinem augenblick unseres daseins
herr erbarme dich

Die Verwandlung der Ängste

Man kann die Ängste der Menschen einteilen in die, die immer gegeben sind, die einfach mit unserer Lage als endliche Wesen mit unendlichen Ansprüchen gestellt sind, und in die Ängste, die durch gesellschaftliche Ursachen entstehen. Aber im allgemeinen verbinden sich beide Ängste eng miteinander und gehören zusammen und bedrohen die Menschen gemeinsam.

Ich habe von einer Arbeiterin gelesen, die an ihrem Arbeitsplatz an einer Maschine steht; und immer, wenn der Meister, der die Eigenart hatte, von hinten an sie heranzutreten, zu ihr kam, zuckte sie zusammen am ganzen Körper, das 30 Jahre lang, an jedem Tag sechs bis sieben Mal, wie oft er vorbeikam. Sie hatte dann das, was man einen „Tick" nennt, und wurde entsprechend behandelt... Es gibt sehr viele Formen von Ängsten, mit denen wir leben, und ich meine nicht nur die großen, allgemeinen Ängste, die vor dem Tod, vor Schuld und der Sinnlosigkeit, ich meine auch die Ängste, die aus konkreten Anlässen und gesellschaftlichen Situationen, die Sie alle kennen, entstehen, die mehr und mehr Menschen bedrücken.

Der Glaube an Christus ist ein radikaler Versuch, die Angst zu überwinden. Warum habt ihr soviel Angst, warum habt ihr nicht Glauben? fragt Jesus die Jünger in dem Schiff, und so fragt er uns auch. Warum haben wir nicht die Kraft, die Angst zu überwinden, alle Trennungsängste zu überwinden, indem wir sie nicht verstecken, sie aber dann aufheben in etwas, das uns sagt, dass wir nicht getrennt und allein sind. Gott sagt uns: Du bist nicht allein, du bist nie allein, du bist auch im Sterben nicht allein, du bist niemals abgeschnitten von dem Strom der Liebe; einmal in ihn eingetaucht, einmal berührt von dem Strom der Liebe, gibt es kein Abgeschnittensein mehr, es gibt keine wirkliche Trennung von Gott, sondern Gott ist bei uns und will immer bei uns sein, er will uns an diesen Stromkreis der Liebe anschließen, so dass wir sie niemals vergessen können. Was seid ihr so voll Angst, warum habt ihr keinen Glauben? Der Glaube nimmt die

Angst an, er verdrängt sie nicht, gibt sie zu, aber er lässt sie nicht so, wie sie ist. Er bearbeitet sie.

Das Reich Gottes ist, wenn man an die ältesten Visionen darüber denkt, nicht so zu denken, dass alles Alte und Frühere kaputtgeschlagen wird, wenn das Neue kommt. Vielmehr wird alles gebraucht und umfunktioniert. Aus den Schwertern und Spießen werden Sicheln und Pflüge gemacht, aus den Panzerwagen und Tanks, für die wir in dem Land, aus dem ich komme, Millionen vergeuden, werden dann Schulbusse gemacht, aus den Mordinstrumenten werden Friedensinstrumente. Auch unsere Angst ist ein Mordinstrument, eine Waffe, und zwar eine Waffe, die wir gegen uns selber richten. Mit der Angst bedrohen wir uns selber, wir zerstören uns selber, wir halten uns in Schach mit der Angst, wir beschäftigen uns selber mit der Angst, wir geraten in einen Kreislauf, in einen Zirkel. Die Angst ist ein Gefängnis, in das wir uns einschließen, und wir sind selber der Wächter und der Gefangene. Wir können sie aber, und das sagt der Glaube, bearbeiten, wir können aus dem Schwert den Pflug machen, wir können aus dem Gefängnis eine Art Versammlungsraum machen oder eine Kirche, wenn man nicht an die institutionelle Kirche denkt, sondern an den schönen Sinn, den Angela Davis mit dem Wort gegeben hat: Eine Kirche ist ein Ort, wo man frei sprechen kann – also angstfrei sprechen kann. Wir können unsere Angst umfunktionieren, wir können die Energie unserer Ängste, die große Kraft, die wir auf sie verwenden, auch verändern und gebrauchen zu andern Dingen. Wir können frei werden von dem Zwang, über unsere Ängste nachzugrübeln, ihnen immer wieder nachzuhängen, wir können aus ihnen ein produktives Instrument, ein Instrument des Friedens und der Gerechtigkeit machen. Selig sind, die da Angst haben, sie werden den Frieden bauen.

Um das zu lernen, genügt es nicht, als einzelner in die Kirche zu gehen, überhaupt als einzelner zu leben. Die wirkliche Verwandlung der Ängste und ihre Aufarbeitung geschieht in Gruppen. Ich denke da etwa an die Technik der Gruppendynamik, die von diesen Fragen ausgeht. Sie ist eine Art Schmiedetechnik, in der Ängste verändert werden sollen; aber man muss natürlich wissen, wozu man den Pflug und den Schulbus und den Versammlungsraum, also alle diese umfunktionierten Mordinstrumente, braucht, wenn man mit der Umfunktionierung anfangen will. Angst umbauen, glauben lernen heißt heute zweierlei, zuerst frömmer werden, radikaler werden, sich gründlicher auf den Glauben einlassen, und es heißt zugleich damit kritischer werden, radikaler werden, sich gründlicher auf die Unterdrückten und die Ausgebeuteten in der ganzen Welt einlassen. In die realen Kämpfe gehen, gemeinsam da hineingehen, und wegen der größeren Vision auch die größere Angst benutzen und gebrauchen.

In der Welt habt ihr Angst, aber seid getrost, ich habe die Welt überwunden. Ich glaube, wir verstehen Jesus falsch, wenn wir ihn als eine Art Superstar ansehen, der ganz von oben spricht. Jesus spricht nicht von oben, und er sagt das nicht als der, der oben ist, zu uns, die ganz unten und die ganz klein sind. Jesus ist nicht unser Herr, sondern unser Bruder und unser Freund, das heißt, dieses Wort – in der Welt habt ihr Angst – soll uns dahin bringen, dass auch wir eines Tages sagen können: In dieser Welt, die aus Konkurrenz und Aggressionen gemacht ist, haben wir Angst, aber wir gehören schon jetzt in eine neue, andere Welt hinein. Wir, nicht nur Jesus, sondern wir alle, die dann Jesus Christus geworden sind.

Ein klagegebet

Gott unsere mutter
an den wasserflüssen babylons sitzen unsere freunde und weinen
verschleppte, vertriebene, flüchtlinge, die wir asylanten nennen
die die spuren der angst und des leidens
und des heimwehs an ihrem körper tragen
sitzen sie bei uns in babylon
wo wir türme in den himmel bauen
und die tiefflieger aufheulen lassen
zwischen himmel und erde
sitzen sie und weinen

gott unser vater
auch wir sind nicht ganz zu hause hier in babylon
zwischen unsern atomfabriken und atombomben und atomherren
auch wir weinen wenn wir an zion denken
deine stadt voller brunnen mit unverseuchtem wasser
und voller gerechtigkeit
auch wir hängen unsre harfen in den wind
weil wir nicht singen mögen
nicht deutschland über alles und nicht
kein schöner land kommt über unsre lippen

gott unser bruder
du hast die traurigkeit gekannt
du hast angst gehabt wie jede von uns
sogar deine freunde haben dir angst gemacht
sogar deine familie und dein land
das besetzt war wie unsres
hat dir angst gemacht
und deine kirchen haben dir keinen schutz geboten

gott du geist des mutes
gib dass wir unsere traurigkeit leben
ohne aufzuhören dich zu lieben
gib dass wir mitten in babylon
die brunnen lebendigen wassers suchen
und lass uns alle nicht verdursten
im ungerechten land
nach gerechtigkeit

Weinen und Trost

Ist es ein Trost, weinen zu können? Ist es ein Verlust, wenn uns die Tränen wegbleiben? Ich versuche über diese Frage nachzudenken im Zusammenhang meiner eigenen Erfahrung mit dem Weinenkönnen.

Ich erinnere mich genau an ein Gespräch, das ich vor Jahren mit einem Rundfunkredakteur führte. Fast beiläufig erzählte er mir, es gebe in der katholischen Liturgie die Bitte um Tränen. Ich erschrak, weil ich merkte, dass mir etwas fehlte. Heute glaube ich, dass diese Bemerkung eines älteren Freundes keineswegs beiläufig war. Vielleicht kannte er mich besser, als ich mich kannte, und ahnte etwas von der Trauer, die in mir steckte. Er wollte mich hinweisen auf die lösende und reinigende Kraft der Tränen. Es ging nicht um eine Aussprache, und unser Medium war nicht die psychologische Analyse. Es ging um das Weinenkönnen, und das Medium war Religion. Ich erschrak, weil ich merkte, wie lange ich nicht mehr geweint hatte, und dieser Schrecken war der Anfang des Gebets.

Noch nicht sehr lange her, da sind Jugendliche verzweifelt und aggressiv in Zürich durch die Straßen gezogen; einer der Sätze, die sie an die Häuser sprühten, hieß: „Wir haben schon genug Grund zum Weinen, auch ohne euer Tränengas." Dieser Satz hat mich sehr betroffen. Wenn ich heute über das Weinen nachdenke und über die Gabe der Tränen, dann fallen mir nicht nur die Opfer von Hiroshima ein, die nicht mehr weinen konnten, sondern auch das Gas, das die, die nicht mehr weinen wollen, denen verordnen, die „schon Grund genug zum Weinen" haben.

Oft erscheint es mir so, als seien nur zwei Sprachen erlaubt in unserer Welt: die Sprache der Wissenschaft, die wertfrei und gefühllos ist, und die Sprache, die wir täglich in der Werbung hören, die banal ist und alle Gefühle trivialisiert, so dass Liebe mit einem Auto und Reinheit mit einem Waschmittel zusammengebracht werden. Unter diesen Oberflächlichkeiten gibt es eine Nicht-Sprache der dumpfen Gereiztheit, das Gefühl, dass einem Gewalt angetan worden ist, und den Wunsch nach Gegengewalt. Was in den Schulen und

Ausbildungsstätten gelehrt wird, ist die rationale, abgehobene, möglichst handlungsentfernte Sprache, eine Rede, aus welcher der Gestus der Bewegungen, die Farbe des Dialekts, aus der Verlangsamung und Beschleunigung, Rhythmus und Ausdruck von Schmerz und Freude entfernt worden sind. Eine Art Plastiksprache, wie Politiker sie gebrauchen, denen zur Neutronenbombe zunächst nur einfällt, dass sie eigentlich nichts Neues beinhalte.

Die Gefühle, die Ängste und die Freuden werden in dieser Sprache verleugnet, sie zählen nicht. Emotional sein, das wird in dieser Sprache zum Schimpfwort. „Seien Sie doch nicht so emotional“ oder „Sie sind einfach viel zu emotional“, solche Sätze habe ich hundertfach gehört, immer wieder. In ihnen schwingt ein Misstrauen mit: Die Gefühle sollen so unterhalb dessen bleiben, was sprachlich zugelassen ist, sie dürfen sich nicht äußern und können, wie totgeboren, nichts bewirken. Es darf nicht geweint werden in unserer Kultur, und somit haben wir auch auf die reinigende und tröstende Kraft, die die christliche Tradition den Tränen zuschrieb, verzichtet.

Ohne Tränen zu sein, das bedeutet, in einer ausdrucksarmen und gefühlsunfähigen Kultur zu leben. Wir verleugnen das Bedürfnis nach dem Geist, der tröstet und zur Wahrheit führt, wir bilden uns ein, wir könnten ohne Geist leben, ohne ausgedrückten Schmerz und ohne Trost. Wir haben die Bitte um die Gabe der Tränen vergessen.

Ein feigenbaum

Noch trägt unser baum keine früchte
noch schieben wir heimatlose ab
arbeiterinnen lassen wir nicht arbeiten

noch liefern wir den folterern
was immer sie brauchen können
und schnüren den ärmsten die kehle zu
dass auch ihr schrei uns nicht stört
noch wartet gott vergeblich

noch liegt unsere zeit in den händen der mächtigen
sie leiten gift in die flüsse
amüsantes in unsern bildschirm
schwermetalle in unser essen
und angst in unser herz

noch schreien wir nicht laut genug
wie lange noch gott
wie lange willst du dir das noch ansehn
ohne ihn umzuhaun deinen feigenbaum

noch haben wir nicht gelernt umzukehren
noch weinen wir selten
noch

Eine Heilige unserer Tage

Ich möchte nun von einer Frau erzählen, die von vielen wie eine Heilige unserer Tage angesehen wird, von Dorothy Day, der großen alten Frau eines kompromisslosen Katholizismus, Pazifistin und Anarchistin, Gründerin des *Catholic Worker,* einer Hilfsorganisation für hungernde Arbeitslose in der Zeit der großen Depression in den Vereinigten Staaten.

Vor einigen Jahren nahm mich ein Freund mit in die ärmste Gegend im Süden Manhattans zu der Armenküche des *Catholic Worker.* Die Christen, die dort arbeiteten, erbaten von Bäckereien und Lebensmittelhändlern Reste, Altgewordenes, Unverkäufliches, und bereiteten daraus eine Suppe für ihre zahlreichen Gäste. Diese gehörten zu den Ärmsten der Armen, es waren Stadtstreicher, Obdachlose, psychisch und geistig Gestörte, aus Anstalten Entlaufene, die meisten von ihnen Alkoholiker, die, was sie an Geld von der Fürsorge bekamen, in Alkohol anlegten. Ihre einzige warme Mahlzeit war das, was sie in dem Gastfreundschaftshaus des *Catholic Worker* bekamen.

Ich habe dort mit anderen, meist jungen freiwilligen Helfern Suppe ausgeteilt. Was mir besonders gut gefiel, war, dass nicht die alten Leute Schlange stehen mussten, um etwas zu bekommen, sondern dass sie zu Tisch gebeten wurden und wir ihnen aufwarteten. Ich habe dann ein langes Gespräch mit der damals 82jährigen Dorothy Day geführt, ständig unterbrochen von den Leuten im Obdachlosenasyl, die kamen und gingen. Zum ersten Mal habe ich damals verstanden, was freiwillige Armut bedeutet. Dorothy Day erwähnte nebenbei, dass Leute immer wieder in ihr Zimmer kommen, dort eine Weile hausen, Sachen mitnehmen oder liegenlassen. Der Verzicht auf Eigentum, den sie lebte, schloss auch den Verzicht auf eine private Sphäre ein.

Dorothy Day, die eine ausgezeichnete, witzige und klar denkende Journalistin war, lebte in Besitzlosigkeit und im Dienst für die, die von der Gesellschaft aufgegeben sind und in den allermeisten Fällen auch sich selber aufgegeben hatten. Der andere Schwerpunkt ihres

Lebens war der radikale Pazifismus. Als sie während des Vietnamkrieges bei einer Protestaktion verhaftet wurde, haben viele Christen in den Staaten verstanden, was für ein Krieg und was für ein System das ist, das es nötig hat, diese absolut furchtlose alte Frau ins Gefängnis zu werfen.

Was mich am tiefsten an ihr bewegt hat, habe ich erst nach ihrem Tod erfahren, und es gehört hierher. Wie jeder Mensch, der nach Gerechtigkeit und Frieden Hunger und Durst hat, so geriet auch Dorothy Day in Phasen der absoluten Erschöpfung, der Trauer und des Schmerzes. Das Wort „Verzweiflung" scheint mir nicht angemessen, aber sehr weit entfernt davon kann es nicht gewesen sein, was sie durchmachte. In diesen Zeiten, so wurde mir berichtet, habe sie sich zurückgezogen und geweint. Stundenlang, tagelang geweint. Ohne Gespräch, ohne Nahrung einfach dagesessen und geweint. Sie hat sich nicht aus ihrem kämpferischen und aktiven Leben für die Ärmsten zurückgezogen, und sie hat nie aufgehört, den Krieg und die Kriegsvorbereitung als ein Verbrechen an den Ärmsten anzusehen. Aber zu Zeiten hat sie bitterlich und lange Zeit geweint.

Als ich das erfuhr, verstand ich etwas besser, was Pazifismus ist; was Gott in der Mitte der Niederlage bedeutet; wie der Geist uns tröstet und uns zur Wahrheit führt, wobei eines nicht auf Kosten des andern geht und Trost nicht mit dem Verzicht auf Wahrheit gekauft werden kann. Dass Dorothy Day tagelang weinte, bedeutet für mich, dass der Trost des Geistes zugleich seine Untröstlichkeit enthält, und in diesem Sinn können wir von ihr lernen, um die Gabe der Tränen zu bitten.

Auch von dieser bemerkenswerten Frau habe ich gelernt, dass Spiritualität eine Bewegung des Geistes ist, in der die Trennung von Innen und Außen aufgehoben wird. Was innen ist, soll außen werden, sichtbar und hörbar. Wenn wir lernen, den Schmerz und die Freude mit anderen zu teilen, dann wird unser Alltag geheiligt: Die Wünsche und die Ängste leuchten in ihm auf.

Gib mir die gabe der tränen gott

Gib mir die gabe der tränen gott
gib mir die gabe der sprache

Führ mich aus dem lügenhaus
wasch meine erziehung ab
befreie mich von meiner mutter tochter
nimm meinen schutzwall ein
schleif meine intelligente burg

Gib mir die gabe der tränen gott
gib mir die gabe der sprache

Reinige mich vom verschweigen
gib mir die wörter den neben mir zu erreichen
erinnere mich an die tränen der kleinen studentin in göttingen
wie kann ich reden wenn ich vergessen habe wie man weint
mach mich nass
versteck mich nicht mehr

Gib mir die gabe der tränen gott
gib mir die gabe der sprache

Zerschlage den hochmut mach mich einfach
lass mich wasser sein das man trinken kann
wie kann ich reden wenn meine tränen nur für mich sind
nimm mir das private eigentum und den wunsch danach
gib und ich lerne geben

Gib mir die gabe der tränen gott
gib mir die gabe der sprache
gib mir das wasser des lebens

Der Heilige Geist tröstet

Die Wirkung des Geistes wird, mit Worten des Johannesevangeliums, in zwei Aussagen zusammengefasst: 1. Der Heilige Geist tröstet, 2. er führt zur Wahrheit. Beides gehört eng zusammen. Es führt in die Irre, wenn wir vom Trösten ausgehen und die Wahrheit hintanstellen – als könne sich das einer leisten, den Trost ohne Wahrheit! als würde er nicht im Handumdrehen zu einem sentimentalen Ersatz für verpasstes Leben, eben jener Botschaft für die Zukurzgekommenen, als die Nietzsche das Christentum begriff. Wenn etwas, so belehrt uns der Heilige Geist darüber, dass solcher Trost nicht halten kann, was er verspricht. Denn der Geist tröstet *nur* so, dass er zur Wahrheit führt, nicht, indem er auf sie verzichtet. Wem an der Wahrheit nicht liegt, der braucht auch keine Tröstung – der ist trostlos.

Luther sagt über den Heiligen Geist, er sei „non scepticus", er sei kein Skeptiker. Dies bedeutet in keiner Weise, dass uns das Wehen des Geistes nun der Reflexion, der Kritik und des Verstandes enthöbe.

Angesprochen ist vielmehr in diesem Ausdruck ein bestimmtes Verhältnis zur Wahrheit, das wir mit Hegel sehr einfach als den „Mut, Wahrheit zu verlangen" bestimmen können. Es bezeichnet die geistige Korruption unseres kirchlichen und die Stagnation unseres geistigen Lebens, dass die Hoffnung, einen Trost zu bekommen, zwar noch respektiert wird, der Mut aber, die Wahrheit zu verlangen, nur noch Lächeln erntet; er ist in der „Verzweiflung an der Vernunft" untergegangen. Hegel schrieb vor fast hundertfünfzig Jahren: „Sie sind so weit gekommen als Pilatus, der römische Prokonsul; wie er Christus das Wort Wahrheit nennen hörte, erwiderte er dies mit der Frage: Was ist Wahrheit? in dem Sinne als einer, der mit solchem Worte fertig sei und wisse, dass es keine Erkenntnis der Wahrheit gebe. So ist das, was von jeher für das Schmählichste und Unwürdigste gegolten hat, der Erkenntnis der Wahrheit zu entsagen, von unserer Zeit zum höchsten Triumph des Geistes erhoben worden." Vielleicht ist unsere Verzweiflung an der Vernunft noch größer als die von Hegel kritisierte. Immer noch geben wir dem Pilatus die Ehre, dem scepticus, und sagen: Was die Wahrheit sei, könnten wir nicht wissen, und wir sollten es noch nicht einmal! Das Höchste sei, recht und schlecht durchzukommen, ein anständiger Mensch zu sein, mit den Konflikten, den unausweichlichen, zu leben, sich einzurichten, in dem, was ist und nicht zu ändern geht. Größe sei, das Dunkel, in dem wir leben, auszuhalten, wer mehr wolle und nach mehr schreie, dem sei nicht zu helfen. Es gibt großartige Formulierungen in dieser Nachfolge des Pilatus, die bis zu Gottfried Benn reicht, und es gibt sehr sympathische Eigenschaften, die zu solcher Haltung gehören – ich denke an die Toleranz und an die verstehende Freundlichkeit, die beide auf dem Boden der Skepsis erwachsen. Aber der Heilige Geist, diese Aufregung Gottes für seine Wahrheit, hat nichts mit ihnen zu tun. Er bedeutet das Ende der müden, halben Gewissheit, das Ende dieser bei sich selbst bleibenden und darum privaten Beruhigung, das Ende auch dieser sympathischen und frommen Traurigkeit. Gott regt sich für seine Wahrheit auf – darum ist die Sünde wider den Heiligen Geist heute: die Resignation.

Sie bestimmt Denk- und Lebensstrukturen eines postrevolutionären Zeitalters, sie ist die eigentlich gültige Religion – ein halbes Engagement, ein Wissen, das voraussieht, wie es kommen wird, und dass diese so gut wie eine andere Bemühung, diese so sicher wie eine andere Hoffnung ins Leere läuft. So verbietet sich jedes Pathos; Aufregung, jenes alte Wort für Geist also, ist ihr sinnlos. In der Verzweiflung an der Vernunft ist ihr alles, was den Geist auszeichnet, verlorengegangen: die Spontaneität und die Konkretion, die Leidenschaft und der Mut, Wahrheit zu verlangen. In dieser Müdigkeit des Herzens wird der Geist zwar nicht geleugnet, aber er wird vor allem als ohnmächtig angesehen. Man traut ihm nichts zu in der Welt; dass der Geist handeln, führen und wirken könne, ist längst vergessen, er steht unter dem großen Umsonst, das ist für den Skeptiker ausgemacht. Demgegenüber will uns die Pfingsttradition an die Macht des Geistes glauben machen. Gott regt sich um der Wahrheit seiner Sache in der Welt willen auf; es gibt keinen Grund, ihm dieses Geschäft allein zu überlassen.

Angst vor dem Getröstetwerden

Wir haben Angst vor der Religion, weil sie deutet, statt nur wahrzunehmen. Sie konstatiert nicht Hungernde, sondern deutet sie als unsere Brüder, die wir verhungern lassen. Aber auch den Trost der Religion wollen wir nicht, da er kein Gegenstand der Perzeption ist. „Unwillkürlich fassen wir das, was der Deutung zugänglich ist, so manifest und objektiv auf, als sei es Gegenstand der Perzeption. Das Gedeutete wird objektiviert. Wir messen Deutung mit der Elle der Perzeption." (Knud E. Loegstrup) Und den Trost messen wir mit der Elle der psychischen Gesundung und Funktionstüchtigkeit.

Wir haben Angst davor, getröstet zu werden, da ist uns die religionslose Armut, die langsame Verwesung schon lieber. Getröstet kann nur einer werden, der die eigene Trostlosigkeit erkennt und der aufgehört hat, sich das eigene Unglück oder die eigene Leere zu verschleiern. Insofern weist Religion einfach in ihrem Anspruch auf Seligkeit, auf Glück und Erfüllung des Lebens, hin auf die Entleerung und Verarmung des nur noch funktionierenden Lebens. Wenn es vom verlorenen Sohn heißt: „Dieser *war* tot und ist wieder lebendig geworden" (Luk 15, 24), so enthält der Trost oder das Nachhausekommen zugleich die Aufdeckung des leblosen Lebens, in dem wir uns maschinenmäßig bewegen. Der Trost der Religion setzt den Tod des alten Menschen, der sich immer noch zu behelfen wusste, voraus; und vor diesem Sterben, das außerhalb von Religion und Poesie kaum mehr benannt werden kann, haben wir Angst.

Eine frau aus dem volk der dene

Und als ich mich müde auf die steinbank hockte
und die leute redeten auf mich ein
und ich diskutierte noch immer
wie ich manchmal trinke weil ich zu müde bin aufzuhören
legte jemand die hand auf meine schulter
in der dämmerung glänzte neben mir blauschwarzes haar

Ich dachte die junge frau mit dem blassen gesicht
braucht es vielleicht jemanden zu berühren
ich dachte sie will mir etwas sagen
ich dachte gleich kommt der bus
aber die hand blieb auf mir ohne druck und doch fest
in der dämmerung glänzte neben mir blauschwarzes haar

Und da war nichts was ich zur kenntnis nehmen sollte
und keine bewegung in der warmen hand auf meinem rücken
und die indianische frau tausend jahre älter als ich lächelte
wir gingen ein stück und setzten uns wieder
und die stelle meines rückens die sie berührt hatte war kalt
und brauchte es sehr angefasst zu werden von der stummen frau
aus dem volk der dene meine schwester mit blauschwarzem haar

Lernen ist verlernen
hören ist schweigen
lieben ist sich beschenken lassen

Klavier üben

Meine kleine tochter spielt eine tonleiter
und geht immer einen schritt zurück
eh sie zwei vorwärts macht
sehr lange versucht sie das

Meine kleine tochter spielt eine tonleiter
und ich höre ihr zu
es sind nicht die klaviertöne
es ist nicht die mechanik
es ist nicht der fortschritt
es ist die geduld

Das langsame unbeirrbare wachsen
aber wie lange üben wir schon
spielen immer wieder
die tonleiter f-r-i-e-d-e-n

Spiel noch einmal kleine tochter
du tröstest mich

„Du sollst die Liebe blühen lassen“

Sehnsucht und Hingabe

Gott behüte dich

Gott behüte dich
du hast dein waschzeug vergessen
dazu auch ein braunes hemd
sie hebe auf ihre Hände
dich zu beschützen
meine gedanken fliegen hinter dir her
sie entführen dein flugzeug
sie werden überwältigt
und abgeführt
wenn du traurig bist
verlassen deine augen dein gesicht
und ziehen aus
schon darum
muss jemand
sein angesicht aufheben über dir
ich werde die zahnpasta aufbrauchen
und mich mit deinem hemd zudecken
es riecht noch
nach dir

Je mehr ein Mensch liebt

Je mehr ein Mensch sich auf die Liebe einlässt, um so evidenter werden ihm die Reste, also um so klarer wird ihm eigentlich, wo er versagt, wo er das nicht erreicht, was er will, oder man kann auch ganz einfach sagen: Je mehr einer liebt, um so mehr wird er leiden. Das ist eine Erfahrung, die in Jesus formuliert ist und die wir seit Jesus wissen oder kennen. Und sich auf seine Geschichte einlassen, heißt eigentlich, sich darauf einlassen, dass wir die Reste erkennen und dass wir immer weiter an ihnen arbeiten.

Du sagst mir was dich an mir erschreckt

Du sagst mir was dich an mir erschreckt
dass ich manchmal aus der welt falle vor angst
du siehst was niemand gesehen hat
dass ich verloren gehn kann
ohne zureichenden grund wie du betonst
du gehst mit mir in die dunkle nacht
des juan de la cruz
auch wenn du den kopf über mystik schüttelst

Das herz schüttelst du nie
und widerlegst den mythos der einsamkeit
jede nacht mit deiner umarmung

Jeden morgen sagst du mir
in allerlei unerforschten sprachen
dass ich nicht verloren gehe
ist es da ein wunder dass ich
mich manchmal ganz lang strecke
und wenn ich am allerlängsten bin
sage liebe sonne schein nur zu

Vertrauen und Ekstase

Zur menschlichen Sexualität, als Liebe vorgestellt, gehört auch Vertrauen. Wir haben das Vermögen zur Ekstase und das Verlangen danach; dasselbe gilt für Vertrauen und Verlässlichkeit. Miteinander schlafen hat den doppelten Sinn von einander lieben und beieinander ruhen. Neben unsren progressiven Trieben und Wünschen haben wir auch regressive Bedürfnisse. Manchmal brauchen wir es einfach, uns verstecken, klein sein und unsere Schwäche zeigen zu dürfen – so wie wir auch die Schwachheit des anderen ertragen. Vertrauen bedeutet, nicht der Verzweiflung zu verfallen, wenn wir zeitweise impotent oder frigide sind. Wir brauchen Trost. Die Erfahrung, schwach sein zu dürfen, ohne dass jemand uns beherrscht oder missbraucht, können wir nur in Beziehungen machen, die frei sind von Furcht oder Unterwerfung. Furchtlos kann ich nur sein, wenn ich auch schwach sein darf. „Furcht ist nicht in der Liebe, sondern die völlige Liebe treibt die Furcht aus" (1. Johannes 4, 18). Lieben zu lernen heißt, immer weniger Angst zu haben. Diese Vertrauensdimension der Liebe beruht auch darauf, dass wir unsere eigene Sexualität annehmen und bejahen. Wir lernen, auch vor unseren eigenen sexuellen Ausdrucksweisen keine Angst zu haben. Wir nehmen unsere Geschöpflichkeit als sexuell empfindende Wesen an und lernen es, uns darüber zu freuen, dass wir so sind, wie wir sind.

Die Dimension des Vertrauens hängt davon ab, inwieweit wir uns der eigenen Sexualität und der unseres Partners bewusst sind. Eines der wenigen wesentlichen Gebote einer neuen Sexualethik ist Bewusstheit: Wir müssen wissen, was wir tun. Wir sollten es lernen, uns selbst, unsere Wünsche und Ängste zu erkennen und sie so klar wie möglich auszudrücken. Nichts sollten wir nur halbbewusst oder nur um eines andern willen tun. Zum Vertrauen als einem Wesenselement der Liebe gehört selbstverständlich auch die gemeinsame Verantwortung für die Empfängnisverhütung. In einer Beziehung, wo man diesem Problem aus dem Weg geht oder es allein der Frau zuschiebt, herrscht mit Sicherheit nicht genug Vertrauen.

Zwischen Vertrauen und Ekstase besteht eine produktive Spannung. Geht das eine verloren, so wird früher oder später auch das andere verkümmern. Extreme Unausgewogenheit zwischen Vertrauen und Ekstase gefährdet die Balance des Glücks. Viele Ehen könnte man als Vertrauensverhältnis ohne Ekstase beschreiben. Die ekstatischen Elemente wurden verbraucht, vergessen und nicht erneuert; weil die Fähigkeit, einander körperlich zu trösten, verkümmert ist, wird auch das Vertrauen zu einer trivialen Gewohnheit. Die traditionelle bürgerliche Ehe mit ihrer doppelten Moral für Männer und Frauen hat die Ekstase, wenn überhaupt, dann nur in einer außerehelichen Beziehung zugelassen; das führte zum völligen Verfall des Vertrauens. Auf der anderen Seite, in der Welt des sexuellen Konsumismus, wird Ekstase dem Leistungsprinzip zählbarer Orgasmen unterworfen; dabei bleibt die Dimension des Vertrauens unterentwickelt oder unbekannt. Der Partnerwechsel wird unvermeidlich, die Jagd nach augenblicklichem Lustgewinn tritt an die Stelle von Beziehungen, die im Laufe der Zeit an Reife und Gefühlstiefe wachsen.

Je mehr wir uns gegenseitig vertrauen, desto leichter können wir die Rollen tauschen und einander in größerer Verhaltensvielfalt begegnen. Wir können uns trösten, voneinander lernen, einer dem andern helfen, können zusammen lachen, weinen und beten. Das alles geschieht in echter Gegenseitigkeit, anders als in den sexuellen Konstellationen, wo der schwächere Partner ausgenutzt wird, weil die Struktur der Beziehung dem Vorbild der Arbeitswelt und ihrer hierarchischen Zwänge folgt. In einer auf Dauer angelegten Beziehung bewegen wir uns zwischen den Polen von Ekstase und Vertrauen; manchmal nähern wir uns mehr dem einen, manchmal mehr dem anderen Pol, immer aber sind wir uns dieser Polarität bewusst. Diese Grunddimensionen des Liebeslebens sind auch Ausdrucksformen unserer Liebe zu Gott, unserer Verbundenheit mit dem Urgrund des Lebens. Beides, Ekstase und Vertrauen, gehört zum Wesen einer Beziehung zu Gott; wenn eine dieser Dimensionen verkümmert, so wirkt sich das früher oder später auch auf die andere aus.

Das orthodoxe Christentum hat eine gefährliche Neigung, die ekstatische Dimension der Gottesbeziehung preiszugeben und sich auf Vertrauen als einzig angemessene Form der Religiosität zu beschränken. Ganz im Gegensatz dazu haben die großen Heiligen das Feuer der Ekstase lebendig erhalten und unser Vermögen, Gott in der Schöpfung zu loben, als Teilhabe an der Ekstase des Lebens verstanden. Die organisierte Religion, vor allem die der Weißen in nördlichen Ländern, hat nicht selten jeden Funken von Ekstase im Gottesdienst ausgelöscht. Sie wird von weißen Männern normalerweise nicht einmal vermisst! Die Teilnahme an amerikanischen Gottesdiensten von Schwarzen hat mir, die ich aus einer rationalistisch geprägten religiösen Tradition komme, zur Entdeckung meiner eigenen religiösen Bedürfnisse verholfen. In den Kirchen der Schwarzen habe ich einfach mehr Ekstase und deswegen auch mehr Vertrauen in Gott gespürt. Ich kann mich entsinnen, wie ich mit einer kleinen Gruppe weißer Freunde aus einem Gottesdienst in Harlem kam, wir sangen auf der Straße stehend „See the fire burning in my heart …" und konnten einfach nicht aufhören.

Der nichtreligiöse Leser stellt sich vielleicht die Frage, warum ich sexuelle Ekstase und sexuelles Vertrauen mit der Religion in Verbindung bringe. Ist es notwendig, von Gott zu reden, wenn wir von der Liebe sprechen? Genügt sich der sexuelle Diskurs nicht selbst? Wird die Erfahrung menschlicher Sexualität reicher, wenn Gott ins Spiel kommt? Wird unser Vertrauen bedingungsloser, wenn es Vertrauen in Gott ist? Wird unsere Ekstase stärker, wenn wir sie auf die Quelle allen ekstatischen Seins beziehen? Was macht es für einen Unterschied, wenn wir das Geben und Nehmen sexueller Liebe ein Sakrament nennen?

Auf der Suche nach einer Antwort auf diese Fragen komme ich zurück auf den Roman „Die Farbe Lila" von Alice Walker, besonders auf die Stelle, wo Shug ihrer Freundin Celie erzählt, wie sich ihr Gottesbild gewandelt hat.

„Mein erster Schritt von dem alten weißen Mann weg waren die Bäume. Dann die Luft. Dann die Vögel. Dann andre Leute. Aber an einem Tag, wie ich ganz

still dagesessen bin und mich gefühlt hab wie ein Kind ohne Mutter, und das war ich ja, da kam es mir: so ein Gefühl, dass ich ein Teil von allem bin, nicht abgetrennt. Ich hab gewusst, wenn ich einen Baum fäll, blutet mein Arm. Und ich hab gelacht und geweint und bin im ganzen Haus rumgerannt. Ich hab genau gewusst, was Es war. Ja, wirklich, wenns passiert, da kannst dus nich verpassen. Es ist so ne Art wie du weißt schon was, sagt sie und grinst und reibt ganz oben an meinem Schenkel.

Shug! sag ich.

Ach, sagt sie. Gott mag die ganzen Gefühle. Das is was vom Besten, was Gott gemacht hat. Und wenn du weißt, dass Gott sie mag, dann hast du einen Haufen mehr Spaß dran. Dann kannst du einfach loslassen und laufen mit allem, was läuft, und Gott damit preisen, dass du magst, was du magst.

Findet Gott das nicht schmutzig? frag ich.

Nä, sagt sie, Gott hats doch gemacht."

Das ist ein mystischer Text über Sexualität und Religion. „Gott hats doch gemacht" – nämlich all unsere sexuellen Empfindungen, unsere Ekstasen und unser Vertrauen – dies zu begreifen heißt, uns selbst als sexuelle Wesen anzunehmen und zu bejahen. Dann verschwindet der Argwohn, Sexualität sei etwas Schmutziges oder Belangloses. Wir können unsere Abwehr aufgeben und uns loslassen. Das Gespräch zwischen Celie und Shug berührt den Kern religiöser Erfahrung innerhalb der sexuellen Erfahrung. Beide, Religion und Sexualität, heilen, weil sie die Kluft zwischen uns und der Welt schließen! Wir entdecken uns als „Teil von allem" und erfahren uns als eins mit dem Mysterium des Lebens. Wenn wir über Gott sprechen in Beziehung auf unsere Sexualität, dann werden wir der Liebe, die in uns wirkt, gewahr. „In Gott leben, weben und sind wir" (Apostelgeschichte 17, 28). Der Ausdruck „in Gott sein" bedeutet, dass wir uns selbst gleichzeitig als aktiv und passiv erfahren: Wir leben, aber das Leben trägt uns weiter; wir bewegen uns vorwärts, aber werden auch in das Gewebe des Lebens einbezogen. Wir sind geschaffen und selber schöpferisch.

1. *„Gott schuf den Menschen in seinem Bilde als Mann und als Frau“* (1 Mose 1, 27). Deine Fähigkeit, Liebe zu geben und Liebe zu empfangen (also deine Sexualität) ist dir von Gott in der Schöpfung gegeben und ist „sehr gut“ (1 Mose 1, 31). Lobe den, der dich glücksfähig geschaffen hat und dich an der Ekstase des Lebens beteiligt.
2. *„Sie waren beide nackt, der Mensch und sein Weib, und sie schämten sich nicht“* (1 Mose 2, 25). Wenn du Liebe machst, bist du ohne Waffen und verletzlich („nackt“). Du machst dich verwundbar, aber dieses Risiko lässt sich nicht umgehen. Du sollst in deinen sexuellen Beziehungen niemanden verletzen, demütigen, beschämen oder missbrauchen, auch dich selber nicht.
3. *„Die Liebe kennt keine Angst. Wahre Liebe vertreibt die Angst. Wer sich aber fürchtet, der ist nicht in der Liebe“* (1 Joh 4, 18). Lieben lernen bedeutet, immer weniger Angst zu haben. Sei ohne Furcht vor deiner eigenen Sexualität, nimm sie als dein Geschaffensein an, und lerne sie zu feiern. Dazu gehört Bewusstheit. Du sollst wissen, was du tust, deine Wünsche kennen lernen und sagen, du sollst nichts halbbewusst oder bloß einem anderen zuliebe tun. Du sollst nicht ungewollt Leben schaffen, und du sollst die Verantwortung für die Verhütung teilen.
4. *„Stark wie der Tod ist die Liebe“* (Hohelied 8, 6). Die Stärke der Liebe ist, dass sie uns ganzheitlich, in allen Dimensionen unseres Lebens, betrifft und verändert. In Wegwerfbeziehungen zerstörst du den sakramentalen Charakter erfüllter Sexualität. Du sollst an die Ganzheit einer Beziehung glauben und an ihr arbeiten. Du sollst niemanden instrumentalisieren, auch dann nicht, wenn dein Lustobjekt sich damit einverstanden erklärt.
5. *„Die Liebe verträgt alles, sie glaubt alles, sie hofft alles, sie duldet alles“* (1 Kor 13, 7). Es ist falsch, die christliche Liebe (agape, caritas) von der irdischen (eros, sexus) abzuspalten, statt die Einheit beider zu suchen. Du sollst, wo du Lust gibst und empfängst, auch Leid teilen

können. Du sollst die Ekstase des Glücks nicht trennen von dem Trost, den Menschen füreinander bedeuten können.

6. *„Die Liebe freut sich nicht über die Ungerechtigkeit, sie freut sich aber über die Wahrheit“* (1 Kor 13, 6). Deine intime persönliche Beziehung ist nur erfüllt, wenn sie dich mit allen Menschen, ihren Kämpfen, ihren Leiden verbindet. („The more I make love the more I want to make the revolution“.) Du sollst nicht von einer Insel träumen und die Liebe wie ein Privateigentum konsumieren wollen.
7. *„Wir wissen, dass wir aus dem Tode ins Leben gekommen sind; denn wir lieben die Brüder: Wer den anderen nicht liebt, der bleibt im Tode“* (1 Joh 3, 14). Glück ist die Gewissheit, gebraucht zu werden, ein Bedürfnis für andere zu sein, nicht nur Bedürfnisse zu haben. Wenn wir ersetzbar sind und nicht gebraucht werden, so sind wir tot. Gott braucht deine wachsende Liebesfähigkeit für sein Reich. Du sollst Liebe nicht von Gerechtigkeit trennen und die sexuelle Beziehung nicht vom politischen Handeln isolieren. Du sollst gegen den Tod, der in Ausbeutung, Hunger und Krieg herrscht, kämpfen mit der Leidenschaft deiner ungeteilten Liebe zum Leben.

Die ersten Menschen

Adam und Eva verlassen den Garten und kommen heraus in die Kälte und Härte des Lebens. Sie entdecken sich selber, sie finden die Freude des Lernens, das Glück des Schönen und die Erkenntnis. Ohne Eva säßen wir alle noch immer in träumender Unschuld unter den Bäumen. Unsere Situation ist, dass wir vom Baum der Erkenntnis gegessen haben, den Baum des Lebens aber nicht erreichen können. Das schildert der biblische Mythos durch die Verfluchungen, die das erste Paar treffen. Sie erklären, warum das Leben so mühselig und schmerzlich ist: Fluch, Feindschaft, Schmerzen, Herrschaft, Kummer, Schweiß sind die wichtigsten Wörter. Adam wird lebenslänglich bestraft, weil er auf die Initiative Evas einging. Eva wird doppelt bestraft, einmal durch die Arbeit, sodann durch die Schmerzen beim Gebären und die Unterwerfung unter den Mann.

Arbeit und Sexualität, die wichtigsten Lebensäußerungen des erwachsenen Menschen, werden als Fluch beschrieben und negativ besetzt. Innerhalb einer christlichen Tradition, die eher die unterdrückenden Elemente hervorgehoben hat, sind diese Flüche dann zum ewigen Schicksal hochstilisiert worden, als seien die Disteln auf dem Acker, die Schmerzen beim Kinderkriegen und die Unterwerfung des einen Teils der Menschheit unter den anderen notwendig und unabänderlich. Aber es sind nicht „Schöpfungsordnungen", von denen der strafende Gott spricht, eher ihr Gegenteil, Verfluchungen, die gerade den Abstand zur guten Schöpfung deutlich machen und ein realistisches Bild der bäuerlichen Realität Palästinas zeigen. „Im Anfang" war nicht die Feindschaft zwischen Natur und den Menschen und nicht die sinnlose Plackerei der Arbeit ohne Glück. Eva und Adam sollten den Garten „hüten und bewahren", sie sollten miteinander die Ikone Gottes sein und nicht herrschen, unterwerfen und zwingen. Eva war, von der Erschaffung her gedacht, nicht das „Gefäß der Sünde", zu dem die Kirchenväter sie machten, sondern die Mutter der Lebendigen. Das Christentum hat Eva und Maria einander zugeordnet, die eine durch die andere ergänzt. Es hat sein Unrecht an Eva durch

Maria wiedergutzumachen versucht. Es gibt Frauen, die den Doppelnamen „Evamaria“ tragen, vielleicht um uns zu erinnern, dass Lust an der Erkenntnis und der Wunsch, ein eigener Mensch zu werden, die Fähigkeit zur Hingabe des Ich nicht zerstören. Wir müssen nicht wählen zwischen dem sanften Mädchen Maria und der Grenzen nicht anerkennenden Frau vom Anfang, Eva. Wir können beide sein.

Die pfirsiche sind reif in deinem garten

Die pfirsiche sind reif in deinem garten
du gehst sie pflücken und du wünschst ich wär dabei
du wölbst die hand sie rund und sanft zu fassen
du drehst und lockst den pfirsich bis er fällt
wer würd ihn schneiden wie die winzer tun den trauben

Ich denke dass der pfirsich gar nicht dumm ist
das pelzchen das er trägt die sammethaare
die stellt er auf und fühlt dich rings herum
er lässt sich gerne los in deine hand
wer würd ihn schütteln wollen wie die pflaumen

Die pfirsiche sind reif in deinem garten
du gehst sie pflücken und du wünschst ich wär dabei
ich korrigiere deinen schönen wunsch jetzt
ich bin dabei doch nicht zum pflücken
erfüllung rennt die wünsche übern haufen

Wir haben nie genug geliebt

Wir haben nie genug geliebt. Nur wer weiß oder ahnt, was Liebe ist, sein könnte und wie eine Welt aussähe, in der Liebe sichtbar wäre, der kann verstehen, was Schuld ist und warum wir nicht aufhören können, den Mangel an Liebe als die einzige, aber zugleich allgemeine Schuld anzusehen. Und gibt es jemanden, der nicht wüsste oder ahnte, was Liebe ist, wie sie tut und wie eine Welt aussehen könnte, in der sie sichtbar würde?! Der Maßstab ist allgemein. Jeder Leidende ist unser Bruder – und jeder klagt uns an. Wir können zwar die Liebesunfähgkeit eines Menschen auf seine Erziehung und auf die gesellschaftlichen Umstände zurückführen, aber damit haben wir nur die Sache konsequent an uns selber weitergegeben: *Wir* haben ihn zu dem gemacht, der er nun ist. Wir haben niemanden daran gehindert, ihn zu dem zu machen, der er nun ist. Wir haben die Verhältnisse befürwortet oder doch zugelassen, die Menschen kaputtmachen. Wir haben geschwiegen. Am Leiden anderer erwacht unsere Scham darüber, glücklich zu sein, und über das Mitleiden hinaus fühlen wir uns mitverantwortlich, ja mitschuldig, auch dann, wenn der Zusammenhang zwischen unserem Glück und dem Unglück des anderen nicht kausal deduziert oder unmittelbar klargemacht werden kann. Dieser Zusammenhang ist allerdings leicht herzustellen, sobald unser Gewissen auch nur ein wenig politisiert ist. Und das Gewissen politisieren heißt es verchristlichen. Dann wissen wir wieder etwas von der Solidarität aller Menschen miteinander, dann finden wir zu der Sensibilität Christi hin, die die Schmerzen der anderen als die eigenen erfährt.

Annäherungsversuche in trauer und kurzer zeit

Während wir sprachen
es wetterleuchtete und endlich
regen aufkam
eine stunde lang hab ich
mir gewünscht
dass du deine hand auf meine legst
während wir sprachen
ende mai

Mit den wünschen ist es so
manchmal gelingt es sie umzutauschen
gegen etwas nicht ganz so unmögliches
dann bleibt wohl der vorige schmerz
doch anders
öfter sterben sie einfach
den kleinen tod
jeden tag denselben
du hast mich nicht rufen hören
ich sprach die falsche sprache

Wenn alle wünsche verwelkt sind
werde ich tot sein
auch für mich
aber zäh wie der kuckuck
schrei ich den ganzen juni

Gott und Liebe gehören untrennbar zusammen. Es ist nicht möglich und wohl der schlimmste Fehler jeder konservativen Theologie, Gott und Liebe auseinanderzureißen und zu sagen, Gott sei das Erste, das Feststehende, und Liebe eine Art Zweites, eine Ableitung, ein Sekundäreffekt. Das Evangelium hat nie so geredet: „Erst glauben, dann lieben!“ Es hat vielmehr den Vollzug der christlichen Existenz beschrieben als eine Einheit: Liebend glaubt der Mensch, liebend verlässt er sich auf etwas anderes als das, was er selbst ist.

Von vielen Kritikern der neuen Theologie wird der Vorwurf erhoben, wir predigten „nur ein bisschen Humanität“, „nur Liebe“. Und man stellt die Frage, ob das denn wirklich alles sein könne. Wenn es aber alles sei, was komme dann nach dem Tode? Wenn Gott und Liebe so eng zusammengehören, wie wir es eben beschrieben haben, dann entpuppen sich diese Einwände als Zynismus. Man kann angesichts von sechs Millionen ermordeten Juden, man kann angesichts eines verhungerten Kindes doch wohl nicht ernsthaft sagen: „nur ein bisschen Humanität“, „nur Liebe“.

Da wir aber alle immer wieder zu denen gehören, denen Liebe zu wenig ist, müssen wir danach fragen, was wir noch mehr erwarten. Was erwarten denn alle, die noch etwas anderes suchen, die vielleicht deswegen fromm sind oder noch irgendeine Beziehung zur Kirche aufrechterhalten? Ich meine, sie haben Angst. Sie wollen noch eine größere Sicherheit haben als die, die Liebe bietet, eine größere Sicherheit, die mit Worten wie „Vater“, „Frieden“, „ewige Heimat“ beschrieben werden kann. Sie wollen auf Fragen eine Antwort bekommen, nach Unruhe Ruhe finden, nach Krieg wissen, wo Frieden ist. Ich halte diese Bedürfnisse für echt und für gerechtfertigt. Aber das Evangelium korrigiert diese Bedürfnisse. All denen, die einen Vater, ewigen Frieden, Heimat und Antwort auf alle Fragen haben wollen, sagt das Evangelium unerbittlich und einfach: „All you need is love.“ Du brauchst nichts anderes, es wird nichts anderes verlangt, nichts anderes zählt. Es gibt nur dieses eine, auf das es ankommt. Alles andere ist Nebensache, die wir uns getrost schenken können. Die Sehnsucht nach Geborgenheit und nach dem ewigen Du ist verständlich. Aber in Christus ist sie abgelöst. Christus hat gesagt, das ewige Du sei im irdischen Du, sonst nirgendwo. Das, was immer wieder „Gott" genannt wird, eine Macht, die eingreift, rettet, richtet und bestätigt, brauchen wir nicht für unser Leben. Nicht das ist das härteste Argument gegen den Gott der Tradition, dass er nicht mehr existiere oder sich auf sich selbst zurückgezogen habe, sondern dass wir ihn nicht brauchen. Wir brauchen ihn nicht, weil das, was wir brauchen, Liebe ist, sonst nichts. Das werden wir angesichts der Aufgaben, die vor unserer und der nächsten Generation stehen, zu entfalten haben. Wir werden zu zeigen haben, was Liebe konkret heißt. Dabei werden Fragen nach der Art, dem Maß und den Wirkungsbereichen der Liebe sich als törichte Fragen herausstellen. Wir werden darauf stoßen, dass Liebe unteilbar ist, dass sie nicht aufgestückelt werden kann in sexuelle Liebe, karitative Liebe und Liebe im gesellschaftlich-politischen Bereich. Wir wissen schon heute, dass diejenigen, die die Kräfte sexueller Liebe verdammen, Menschen auch zu helfender und barmherziger Liebe unfähig machen.

Wenn wir in Zukunft von Gott noch etwas sagen können, dann nur dies: Gott ist, dass wir lieben können. Gott ist die Kraft, das Feuer, das unsere Liebe trägt. Wenn wir so weit gekommen sind, wird die Angst vor der Banalität aufhören. Wir werden auch nicht mehr dem Irrglauben anheimfallen, Christus spreche unser Über-Ich an und fordere Unerfüllbares von uns, weil wir wieder wissen, dass er unser Herz immer schon bewegt. Wir sollten aufhören, Gott zu suchen. Er ist längst da.

Wohnen

Du hast schlaf jetzt weiter gesagt ich gehe
das war ungewöhnlich
weil ich sonst frühstück mache

Du hast meine decke glatt gestrichen
das war ungewöhnlich
weil es zuletzt meine mutter getan hat
als ich krank lag

Du hast ein licht in den augen gehabt
das ich noch nicht gesehen hab
das war ungewöhnlich
darin kann ich wohnen

Mit dem eigenen Leben antworten

Dass Gott uns alle und sogar jeden einzelnen liebt, ist eine allgemeine theologische Wahrheit, die ohne Übersetzung zur allgemeinen Lüge wird. Die Übersetzung dieses Satzes ist die weltverändernde Praxis. Er braucht eine gewisse Anschaulichkeit, ohne die er leer bleibt. Zugleich allerdings transzendiert dieser Satz notwendig jede Anschaulichkeit und ist in seinen Übersetzungen nicht erschöpft oder abgegolten. Wir haben in ihm ein größeres Anrecht als das jeweils erfüllte, ein tieferes Bedürfnis als das gestillte. So macht er darauf aufmerksam, dass die Konkretion, die unser eigenes Leben darstellt, die Übersetzung der Liebe Gottes, die wir sind, begonnen hat und noch aussteht. Der Brief Christi, der wir selber sind, wird weiter geschrieben (2. Kor. 3, 3) und weiter empfangen und gelesen. Es gibt keinen anderen Brief Christi, der den Brief Christi, der wir sind, ersetzen könnte.

Gott braucht unsere Liebe

Wir müssen wieder entdecken und lernen, die Schöpfung zu lieben. Ich habe manchmal den Eindruck, im Protestantismus kommt ein bisschen zu kurz, dass wir Gott lieben können. Es wird oft davon geredet, dass Gott uns liebt – von oben nach unten. Die Gottesliebe kommt zu kurz, und die drückt sich ja vor allem aus in einer tieferen Liebe zu allem, was lebt, was geschaffen, was schön ist.

„Bei mir biste schejn“

„Bei mir biste schejn“ bei dir bin ich klein
erstmal die schuhe aus mit den absätzen
und warum soll ich autofahren
und vorgeben ich verstünd was vom fahrradflicken

Bei dir bin ich immer viel kleiner
wär ich aus wolle ich würde mich knäueln
nichts als unsinn wächst mir aus mund und händen
formulare füll ich nur halb aus
in sitzungen schreib ich dir briefe

Essen brauch ich viel weniger klar
ich leb ja vom glück
das dumme knabbern verliert sich
und weil ich klein bin
kann ich viel höher springen

Bei dir bin ich klein
und verschmähe was ich gelernt hab
in dreißig jahren
bei dir
kann ich wachsen

Eins werden mit der Liebe

Goethe sagt in seinen Aphorismen über die Liebe: „Freiwillige Abhängigkeit, der schönste Zustand, und wie wäre er möglich ohne Liebe?“ Gott ist nicht weniger freiwillig-abhängig, als wir alle in der Liebe sein können. Das bedeutet, dass wir vom Gott-über-uns zum Gott-in-uns kommen und die falsche hierarchisch gedachte Transzendenz überwinden. Eine Annäherung an die Mystik, die das hierarchische männliche Gottesverständnis am weitesten überwunden hat, ist notwendig, freilich eine Mystik, die den Durst nach realer Befreiung nicht im Meer des Unbewussten absaufen lässt.

Nach einem Satz von Jakob Böhme ist Gott „das Nichts, das alles werden will“. Das real erfahrene, machtlose Nichts des beschädigten Lebens, mit dem die feministische Befreiungstheologie beginnt, wird nicht von außen erlöst. Auch für uns ist „kein höhres Wesen, kein Gott noch Kaiser noch Tribun“ zuständig, wohl aber Einbindung in den geschwisterlichen Grund des Lebendigen. Die mystische Gewissheit, dass uns nichts von der Liebe Gottes trennen kann, wächst, indem wir selber eins mit der Liebe werden als solche, die sich – in Freiheit und ohne Erfolgsgarantie – auf die Seite der Liebe stellen.

Die drei geschenke

Einmal hast du etwas von meinem dünnen haar
auf die andere seite meines gesichts gelegt
und langsam so gesagt
nein besser so

Einmal hast du gefunden
das deutsche ist spannend
man weiß nie was noch kommt
bevor der satz endet

Einmal hast du auf eine frage
die ich nicht zu stellen gewagt hab
und auch jetzt nicht aufschreiben will
die antwort gegeben

„Gottes Schmerz umfängt meinen Schmerz“

Leid und Verletzlichkeit

Gebet zu ersten mose 32 vers 23 bis 33

Jede von uns hat einen engel
lass uns ihn erkennen
auch wenn er als blutgieriger dämon kommt
jeder von uns hat einen engel
der auf uns wartet
lass uns nicht vorbeirasen am jabbok
und die furt versäumen

Auf uns wartet ein engel

Jeder von uns kämpft mit gott
lass uns dazu stehen
auch wenn wir geschlagen werden
und verrenkt
jede von uns kämpft um gott
der darauf wartet
gebraucht zu werden

Auf uns wartet ein kampf

Jede von uns wird gesegnet
lass uns daran glauben
auch wenn wir aufgeben wollen
gib uns die dreistigkeit mehr zu verlangen
mach uns hungrig nach dir
lehr uns beten ich lass dich nicht
das kann doch nicht alles sein

Auf uns wartet ein segen

Jeder von uns hat einen geheimen namen
er ist in gottes hände geschrieben
die uns lieben lesen ihn
eines tages wird man uns nennen
land der versöhnung
bank die ihren schuldnern vergibt
brunnenbauerin in der wüste

Auf uns wartet gottes name

Gottes Schmerz und unsere Schmerzen

Welches Recht haben wir in der Ersten Welt, an deren Gleichgültigkeit und objektivem Zynismus wir partizipieren, die Theodizeefrage zu stellen? Den Armen zuzuhören und von ihnen zu lernen bedeutet, diese Frage zu verwandeln. Die religiöse Frage an das Leiden ist dann nicht mehr die so oft gehörte: Wie konnte Gott das zulassen?, sondern die schwerere, erst zu lernende: Wie werden unsere Schmerzen zu Gottes Schmerz, und wie erscheint Gottes Schmerz in unseren Schmerzen?

Ich rede nicht über etwas, das Gott vermeiden oder abschaffen könnte. Wenn wir von Gottes Schmerzen sprechen, dann haben wir eine andere Gottesvorstellung als die rein männliche. Gott ist dann unsere Mutter, die weint über das, was wir einander antun und was wir unseren Geschwistern, den Tieren und Pflanzen tun. Gott tröstet uns, wie es eine Mutter tut: Sie kann den Schmerz nicht weg-zaubern (obwohl auch das gelegentlich vorkommt!), aber sie hält uns so lange in ihrem Schoß, bis wir wieder aufstehen und neue Kraft haben. Gott könnte uns nicht trösten, wenn sie uns nicht im Schmerz verbunden wäre, wenn sie nicht diese wunderbare und seltene Fähigkeit hätte, den Schmerz eines anderen am eigenen Leibe zu spüren.

Wie geschieht die Verwandlung von fruchtlosem und sinnlosem Schmerz zu Gottes Schmerz? Wie verbindet sich unser Schmerz mit

Gottes Schmerz? Und wie leuchtet Gottes Schmerz in unserem Schmerz auf?

Einmal ging ich abends spät durch eine abgelegene Straße in Manhattan. Ein Bettler hockte auf einem Lumpenbündel, und ich fürchtete mich vor diesem alten schwarzen Mann. Als ich ihm etwas gab, hob er den Kopf, schaute mich an und sagte klar und mit einer großen Würde: „God bless you". Ich war bewegt, aber ich wusste nicht ganz, warum. Heute möchte ich sagen, dass Gottes Schmerz in seinem Schmerz sichtbar war. Indem ich teilnahm, wurde mein Schmerz ein anderer, meine Angst verließ mich. Mein Zorn kam wieder.

Ich denke, es ist unsere Aufgabe, die „Traurigkeit der Welt" in den Schmerz Gottes zu verwandeln, und mit dem Schmerz Gottes mache ich eine seltsame Erfahrung. Ohne dass der Schmerz gelindert, beschwichtigt, umgelogen würde, bringt er mich doch in eine tiefe Freude. Es ist, als berührte ich mit meinen Händen die Kraft des Lebens, die auch im Schmerz steckt, der ja biologisch der Protest des Lebens gegen Krankheit und Tod ist, der uns ja um des Lebens willen so weh tut. Ich rede nicht über einen Automatengott, der nach dem Schmerz schon wieder Freude schicken wird und nach Regen Sonne, ich sehe die Sonne im Regen. Die Kraft will ich nicht außerhalb des Schmerzes suchen gehen, das hieße ja, mich von Gott zu trennen und Gottes Schmerzen zu verraten. „Das Volk, das im Finstern wandelt, sieht ein großes Licht und über die da wohnen im finstern Lande, scheint es helle" (Jesaja 9, 1). Von woher kommt ein solcher Satz, wenn nicht aus dem Schmerz Gottes! Wie können wir Finsternis und Licht zusammen sehen, wenn nicht in dem, der beides umfängt!

Es könnte jemand einwenden: „Ich höre die Musik, von der du sprichst, aber warum soll ich den Schmerz, den sie ausdrückt, mit dem, was du Gott nennst, verbinden? Ich habe keine Verwendung für diesen Begriff." Dieser Freundin möchte ich sagen: „Wenn der Schmerz nur Schmerz wäre, könnte ich ihn nicht Gottes Schmerz nennen. Weil er aber auf Freude hin orientiert ist, weil er von Freude getragen wird, darum nenne ich ihn Gottes Schmerz." Dieses Zusammenkommen der Gegensätze, Freude und Schmerz, diese *coincidentia oppositorum* ist in unserer Sprache nur sehr schwer auszudrücken, weil wir dazu eine andere Logik als die gewöhnliche brauchen. Die Erfahrung eines solchen Schmerzes ist tatsächlich dem überwältigenden inneren Erlebnis der Geburt nah. Ein Kind „zur Welt zu bringen", es gebären, ist eine ursprüngliche Erfahrung, in der wir dem Geheimnis des Lebens sehr nahe kommen. Es ist eine Erfahrung, die wir erleiden und vollbringen, wir sind passiv und aktiv beteiligt. Es ist eine Erfahrung, die Körper, Geist und Seele herausfordert und tief verändern kann. Es ist eine der großen Erfahrungen der Schöpfung, an der wir beteiligt werden. Es ist eine mystische Erfahrung, weil wir angesichts ihrer vor dem Geheimnis des Lebens selber stehen. Dieses Geheimnis des Lebens nennen die Religionen „Gott", und meine religiöse Tradition schließt den Schmerz in das Geheimnis des Lebens ein. Sie setzt den Schmerz in Gottes Herz. Die „Teilnahme an der Ohnmacht Gottes in der Welt" ist es, zu der Jesus ruft – das ist das Vermächtnis des Theologen und Märtyrers Dietrich Bonhoeffer.

Wenn wir über die Traurigkeit der Welt zur Traurigkeit, die Gott will, kommen wollen, dann müssen wir Gottes Schmerz wahrnehmen lernen.

Wir wollen die Traurigkeit dieser Welt und unsere Schmerzen nicht mit den Methoden dieser Welt, mit Beruhigungsmitteln, auflösen. Gott ruft uns ja mitten in unseren Schmerzen zu sich in sein Reich. Gott will unsere persönliche Geschichte einbinden in seine große gute Geschichte.

Allmacht und Leiden

Die Frage nach Gott und dem Leiden: ich glaube schon, dass man einerseits – im Sinne von Johann Baptist Metz – an der möglichen Macht Gottes festhalten muss, dass man andererseits aber auch Gottes Weinen und Gottes Ohnmacht denken muss. Man muss das beides, glaube ich, irgendwie zusammenbekommen. Wie, ist mir auch nicht ganz klar. Aber jedenfalls sind beide Elemente wichtig, wobei das eine ohne das andere absterben würde. Bei ersterem würde eine kalte Theologie übrigbleiben, in der Gott eben der Allmächtige ist und den Menschen nicht braucht. Bei letzterem, wenn Gott nur der Leidende ist, bliebe nur Hoffnungslosigkeit und Verzweiflung übrig. Metz hat mir einmal einen Satz gesagt, den ich bis heute im Ohr und im Herzen habe, und der mir ganz wichtig ist: Die direkte Anrede an Gott ist die einzig erlaubte. In gewissem Sinne versuche ich das auch immer wieder, nämlich Gott zu fragen trotz allem, was geschieht und trotz aller scheinbaren Antwortlosigkeit Gott dieses Trotzdem entgegenzuhalten. Wenn ich Gott beschimpfe oder ihn befrage, ihn bedränge, dann wird Gott zum „Allermitteilsamsten", wie Meister Eckhart so schön sagt. Diese Anrede an Gott ist eine ganz andere Art der Gottesbeziehung als die der Logos-Sprache. Vielleicht können beide Möglichkeiten, die der Allmacht und die des Leidens Gottes, in der Anrede bestehen. In der Logos-Sprache jedoch bleibt es ein unauflösbares Paradox.

Die Sprache der Mystik geht viel tiefer. Die Mystik hat bestimmte Sprachformen dafür entwickelt, wie man etwas Unaussprechliches besprechen kann. Eine davon ist ganz sicher das Paradox. Die Negation, es ist nicht dies, es ist nicht das, es ist anders als dieses, es ist anders als jenes, es ist noch viel schöner als alles andere und so fort. Das ist eine sehr schöne Sprachform.

Anteil nehmen

Vielleicht geht Ihnen das auch so – ich will mich nicht entscheiden zwischen Religion und Politik, weil ich mich nicht entscheiden kann zwischen dem leidenden Gott und den gefolterten Leuten. Ich kann mich nicht auf Gott zurückziehen vor dem Leiden, ich kann ihn nicht zu meinem Schutz und meiner festen Burg machen gegenüber dem da draußen. Vor allem anderen: Ich will mich nicht von den Leidenden trennen lassen, und wenn Religion das tut, dass sie uns von den Leidenden trennt, indem sie uns eine andere Sprache beschert, eine höhere Gewissheit, die die Leidenden nicht haben können, dann ist es Zeit, dass wir diese Religion loswerden. Ich versuche mein Leben in der Anteilnahme zu erhalten, ich will das nicht mitmachen: dieses Sich-Absichern, dieses Sich-Einteilen, dieses In-den-passenden-Zusammenhang-Rücken, dieses Sich-Gewöhnen an das Unrecht, weil es häufig ist oder überall vorkommt.

Zur äußersten Aufmerksamkeit kommen

Es ist unmöglich, Jesu Leiden von dem anderer Menschen zu unterscheiden, als habe nur Jesus auf die Hilfe Gottes gewartet. Der Schrei des Leidens enthält die ganze Verzweiflung, deren ein Mensch fähig ist, und in diesem Sinne ist jeder Schrei Gott zugeschrien.

Jedes äußerste Leiden erfährt die Verlassenheit von Gott. In der Tiefe des Leidens verstehen sich Menschen als aufgegeben und von allem verlassen. Was dem Leben Sinn gab, ist leer und nichtig geworden: es hat sich als ein Irrtum herausgestellt, als eine Illusion, die enttäuscht worden ist, als eine Schuld, die nie wiedergutzumachen ist, als nichtig. Die Wege, die zu dieser Erfahrung des Nichts führen, sind verschieden, aber die Erfahrung der Vernichtung, die im andauernden Leiden geschieht, ist dieselbe.

Jedes Leiden, das als Bedrohung des eigenen Lebens erfahren wird, berührt die Gottesbeziehung, wenn wir diesen Ausdruck im strengen theologischen Sinn nehmen, das heißt nicht als eine Eigenschaft, wie Musikalität, die manchen Menschen zukommt, sondern als etwas, das jedem zu eigen ist als das, „worauf er sich verlässet" (Luther). Dieses (nichtexplizite) Gottesverhältnis wird im extremen Leiden angetastet. Der Grund, auf den das Leben gebaut war, das Urvertrauen in die je und je anders vermittelte Verlässlichkeit der Welt wird zerstört.

Die Erfahrung, die Jesus in Gethsemane gemacht hat, geht über diese Zerstörung hinaus. Es ist die der Einwilligung. Der Becher des Leidens wird zum Becher der Stärkung. Wer ihn geleert hat, der hat alle Angst überwunden. Der, der schließlich vom Gebet zu den Schlafenden zurückkommt, ist ein anderer als der, der fortging. Er ist klar und wach, er zittert nicht mehr. „Es ist genug. Die Stunde ist gekommen. Steht auf. Lasst uns gehen." Ein Engel stieg zu Jesus sowenig herab wie zu andern Menschen – oder soviel. Beides ist wahr, es sind nur verschiedene Ausdrucksweisen, die Markus und Lukas gebrauchen. Man kann sagen, dass in jedem Gebet ein Engel auf uns wartet, weil jedes Gebet den Betenden verändert, ihn stärkt, indem es ihn sammelt und zu der äußersten Aufmerksamkeit bringt, die im Leiden uns abgezwungen wird und die wir im Lieben selber geben.

Der schrei des leidens

Ein sprichwort aus südafrika sagt
man kann weinenden nicht die tränen abwischen
ohne sich die hände nass zu machen

Ich hör oft sagen
wie kann man das weinen verhindern
und seine ursachen beseitigen

Ich seh oft fühlen
weg damit der schmerz muss weg
schluss jetzt ich muss heraus

Die menschen mit den nassen händen
sind bescheidener als wir
es ist nur eine geste
aus zärtlichkeit und trauer
die geschwister sind
kinder einer mutter
der erde

Ohne Schutz leben

Ich glaube, man kann den Tod Jesu nur verstehen, wenn man die Folter und die Hinrichtung, die wir mit dem schön klingenden Wort „Passion" umschreiben, heute und hier wahrnimmt. Wenn man mitleidet an dem Todeskampf und den Schmerzen, die Menschen heute um der Gerechtigkeit willen zugefügt werden. Es ist nicht in unser Belieben gestellt, diese Beziehung Christi auf die gegenwärtige Situation herzustellen oder zu unterlassen; die Unterlassung ist vielmehr die Verleugnung Jesu. Wir müssen ihn „ins Fleisch ziehen", wie Luther das ausdrückte, ins historische Fleisch, in das, was Menschen heute betrifft. Wenn Luther diesen Ausdruck benutzt, so meint er ihn durchaus polemisch gegen die, die Christus nicht ins konkret-alltägliche Fleisch ziehen wollen, sondern die ihn spiritualisieren, so dass er mit den in El Salvador zu Tode gefolterten Bauernjungen nichts zu tun hat. Ins Fleisch ziehen heißt, ihn aus der Abstraktion, der Ferne, der bloßen Gedachtheit herunterzubringen in die Realität, mit der wir zu leben haben.

Er jedenfalls hatte es mit der politischen Realität zu tun, auch damals. Jesus hat sein Leben aus Liebe zu den Armen hingegeben. Hätte er nur und vor allem die Reichen geliebt, wie wir gern annehmen aus leicht durchschaubaren Gründen, so hätte er nicht sterben brauchen. Die große Konfrontation am Ende seines Lebens, dass er nämlich nach Jerusalem hinaufzog, ins Herz der Ordnungsmächte, hat nur Sinn, wenn man sie als Konfrontation im Interesse der Armen versteht. Jesu Basis, sein Anhang, der Zulauf, den er fand, war in Galiläa stärker, hier konnte er Kranke heilen, Hungrigen zu essen geben und seine Botschaft verbreiten. Aber die eigentliche Krankheit der Menschen saß woanders; ihren Hunger wirklich zu stillen, dazu brauchten sie eine weit radikalere Umverteilung der Güter dieser Erde; die Botschaft wirklich zu verstehen, dazu reichten offenbar Worte allein nicht. Jesus ist ein Mensch gewesen, der sein Leben aus Liebe zu den Armen hingab, er verschenkte sein Leben, statt es zu horten und zu sichern. Er verschleuderte es, so meinte seine Familie, die ihn mehr oder weniger für verrückt hielt. Darin ist richtig gesehen, dass er freiwillig tat, was er tat.

Es lag keinerlei Zwang vor, so als hätte Gott ihn zum Leiden bestimmt und er müsse nun dem schicksalhaften Auftrag folgen. Das ist schlechte Theologie, weil sie das Moment der Freiheit nicht zum Ausdruck bringen kann. Gott hat den Jesus, wenn man so reden will, zur Liebe bestimmt, das heißt zur größten denkbaren Freiheit überhaupt. Und diese Liebe führte, wie jede ernsthafte Liebe, auch zum Leiden. Sie führte ihn ins Zentrum der Macht, nach Jerusalem. Aus der Provinz in die Hauptstadt, aus der ländlichen Synagoge in den Tempel, aus dem Kreis der Armen in den Kreis der Reichen. Sie führte ihn aus dem Verborgenen ins Offene. Lieben heißt, sein Gesicht nicht verstecken, wie es in einem politischen Lied aus Chile heißt. Jesus hat sein Gesicht immer weniger versteckt. Am Ende war das, was er war, vollständig sichtbar geworden. Sie folterten ihn so lange, bis nichts Verbergendes, nichts Halbes, nichts Vorsichtiges, Zurückhaltendes mehr an ihm war. Dann konnte er sagen: es ist vollbracht. Ich bin da, der Mensch für andere.

Damit war eine neue Qualität des Menschseins erreicht, etwas, für das es in der damaligen Sprache gar keine Worte gab. Das Geheimnis Jesu, seine Kraft, sein Das-Gesicht-nicht-Verstecken musste irgendwie benannt werden. Der Ausdruck, den die ersten Freunde Jesu fanden, der nach ihrer Meinung der Sache am nächsten kam, hieß „Sohn Gottes“, Sohn des Höchsten. Wie konnte so etwas behauptet werden über einen Politkriminellen, den man gerade zu Tode gefoltert hatte. Ein römischer Hauptmann stand am Karfreitag am Kreuz und „sah“, wer dieser Jesus war. „Wahrlich, ich sage euch, dieser ist Gottes Sohn gewesen.“ Was konnte er damit meinen? Ich verstehe es so: Dieser hat sein Gesicht nicht versteckt. Dieser hat sein Leben aus Liebe zu den Armen hingegeben. Dieser war so nah zu Gott wie ein Sohn zu seinem Vater. Dieser hat Wahrheit sichtbar gemacht, von der wir sonst nur reden. Er war Wahrheit: Licht, Wasser, Brot des Lebens. So jedenfalls haben es die, die ihm folgten, verstanden.

Das Kreuz wird grünen und blühen

Je mehr du in die Liebe hineinwächst, in die Botschaft Jesu, um es so ungeschützt traditionell zu sagen, desto verletzlicher machst du dich. Du wirst einfach angreifbarer, wenn du sichtbar geworden bist oder wenn „das von Gott" in dir aufleuchtet. Wenn du dein Leben verteilst, statt zu horten, dann wird das große Licht in dir sichtbar. Zwar gehst du in Einsamkeit hinein, verlierst oft Freunde, einen Lebensstandard, einen Beruf oder eine sichere Karriere, aber zugleich veränderst du dich. Und das Kreuz, dieses Zeichen der Isolierung, der Schande, des Verlassenseins, wird in diesem Prozess der Baum des Lebens, ohne den du gar nicht mehr sein magst. Das tote Marterholz fängt an zu grünen. Und du weißt auf einmal, wo du hingehörst.

Das Leben zu wählen heißt, das Kreuz zu umarmen. Es heißt, das Kreuz, die Schwierigkeiten, die Erfolglosigkeit, die Angst, allein dazustehen, in Kauf zu nehmen. Die Tradition hat uns nie einen Rosengarten versprochen. Das Kreuz zu umarmen bedeutet heute, in den Widerstand hineinzuwachsen. Und das Kreuz wird grünen und blühen. Wir überlieben das Kreuz. Wir wachsen im Leiden. Wir *sind* der Baum des Lebens.

Der Trost der Heiligen

Wir können uns dem Thema des Leidens annähern, wenn wir von Leidenssituationen ausgehen und zeigen, wie sie verstanden wurden und welche Veränderungen sie hervorrufen. Aber mindestens ebenso wichtig ist es, sich Menschen vor Augen zu stellen, die bewusst gelitten haben; Leute, die wir kennen, die im Leiden gütiger und nicht bitterer geworden sind, solche, die freiwillig Leiden auf sich genommen haben, um anderer willen. Es gibt solche Menschen, und die Stärkung, die von ihnen ausgeht, ist der Trost der Heiligen.

Die, die umsonst und ohne Frucht leiden, sind angewiesen auf die andern, die in der Übereinstimmung mit der Gerechtigkeit leiden. Gäbe es niemanden, der „ich sterbe, aber ich werde leben" sagte, niemanden, der „Ich und der Vater sind eins" sagte, so wäre auch für die stumm und hoffnungslos Leidenden keine Hoffnung. Alles Leiden wäre dann sinnloser, zerstörender, nicht zu bearbeitender Schmerz, alle Traurigkeit wäre „von der Welt" und zum Tode führend. Wir wissen aber von Menschen, die anders gelebt und anders gelitten haben. Es gibt eine Geschichte der Auferstehungen, die stellvertretende Bedeutung hat. Die Auferstehung von Menschen ist kein Sonderprivileg für sie selber – auch dann nicht, wenn sie Jesus von Nazareth heißen. Sie enthält in sich die Hoffnung für alle, für das Ganze.

Es gibt kein falsches Leid

Wir sollten es uns nicht leicht machen und unterscheiden wollen zwischen richtigen und falschen Leiden, zwischen proletarischen und kleinbürgerlichen, zwischen den Schmerzen eines Kindes und denen einer Gruppe von Guerilleros, zwischen denen eines Künstlers wie Kafka oder Pavese und denen einer kleinen Verkäuferin.

Es gibt kein falsches Leid. Es gibt eingebildetes, unechtes, geheucheltes, anempfundenes, vorgespieltes Leiden, aber die Aussage, dass jemand am Falschen oder am Richtigen leide, setzt eine gottgleiche, alles durchdringende Vernunft voraus, die die historisch überholten Leiden von denen, die jetzt an der Zeit sind, zu unterscheiden vermag, statt diese Entscheidung den Leidenden selber zu überlassen. Auch die Schmerzen von Kindern, die leicht aufgehoben werden können, sind Leiden, weder richtig noch falsch. Der Realität am nächsten scheint mir die Einteilung in sinnloses und potentiell sinnvolles Leiden zu kommen. Es gibt sinnloses Leiden, an dem Menschen nicht mehr arbeiten können, weil es sie in allen wesentlichen Kräften zerstört hat.

Von diesem sinnlosen Leiden möchte ich, einem Gedanken Paul Tillichs folgend, das Leiden unterscheiden, das sinnvoll sein kann, weil es zu Maßnahmen treibt und insofern verändert. Tillich sagt, im Christentum werde gefordert, „dass man das Leiden als ein Element der Endlichkeit mit Mut auf sich nimmt und die Endlichkeit trotz des mit ihr gegebenen Leidens bejaht." Es ist deutlich, dass die christliche Religion eine ungeheure Bejahung des Leidens ausspricht, stärker als in vielen anderen Weltanschauungen, in deren Mittelpunkt nicht das Symbol des Kreuzes steht. Aber diese Bejahung ist nur ein Teil der großen Liebe zum Leben überhaupt, die Christen mit dem Wort „Glauben" ausdrücken. Glauben können heißt soviel wie jasagen zu diesem Leben, zu dieser Endlichkeit, an ihr arbeiten und sie offenhalten für die versprochene Zukunft.

Etwas für Gott tun

Wenn noch für das 19. Jahrhundert der Schmerz „der Felsen des Atheismus“ ist, so gilt in diesem Jahrhundert, dass nichts uns so sehr auf Gott hinweist wie seine Niederlagen in der Welt. Dass Gott in der Welt beleidigt und gefoltert, verbrannt und vergast wurde und wird, das ist der Fels des christlichen Glaubens, dessen Hoffnung darauf geht, dass Gott zu seiner Identität komme. Dieser Schmerz ist unauslöschlich, und diese Hoffnung kann nicht vergessen werden. Was den Christen gemeinsam ist, ist „das Teilhaben am Leiden Gottes in Christus. Das ist ihr Glaube.“ (Bonhoeffer) Darin wissen sie, dass Gott ohnmächtig ist und Hilfe braucht. Als die Zeit erfüllt war, hatte Gott lange genug etwas für uns getan. Er setzte sich selber aufs Spiel, machte sich abhängig von uns und identifizierte sich mit den Nichtidentischen. Es ist nunmehr an der Zeit, etwas für Gott zu tun.

Die Zeit der Ohnmacht geht zu Ende
(mit Luise Schottroff)

Das Reich Gottes wird in der Bibel mit mythologischen Bildern ausgemalt, die aus der jüdischen Apokalyptik stammen. Jüdische „Apokalyptik“ finden wir in vielen Texten dieser Zeit. Es sind Bilder der Hoffnung für Menschen, die erfahren haben, dass sie in diesem Leben nichts mehr zu hoffen haben. Sie erleben Unterdrückung durch fremdes Militär und sehen kein Ende ab. Aber sie halten an ihrem Gott fest. Auch wenn sie zu ihrer Lebenszeit keine Gerechtigkeit erleben, auch wenn sie ihr Recht nicht erhalten, so beschwören sie doch Gott als den unbestechlichen gerechten Richter. Die Leidenden klagen Gott an, der sein wahres Gesicht der Gerechtigkeit verbirgt, und halten in ihrem Schmerz an ihm fest. Er wird am Ende der Tage die ganze Menschheit gerecht nach den Taten jedes einzelnen richten. Die Täter des Unrechts werden von Gottes endzeitlichem Gericht dem ewigen Tod überantwortet. Die Gerechten, die sich an Gottes

Willen orientiert haben, sie werden bei Gott sein, am Festmahl der Völker in Gottes Palast teilnehmen und weiße Kleider tragen. Der Wille Gottes ist erkennbar, für alle. Die Juden haben ihn in der Tora vor sich, und auch die anderen Völker kennen Grundgebote Gottes. Sie wissen, was Gerechtigkeit ist, wenn sie es denn wissen wollen.

Das „Kommende" wird nicht nur von den leidenden Menschen, sondern ebenso von Gott mit Sehnsucht und Hoffnung erwartet: Wann endlich, Gott, wirst Du Himmel und Erde erfüllen, wann endlich werden Hungersnöte und Kriege aufhören?

Das „Ende" wird ersehnt, aber mit einem Ende der Geschichte hat diese Apokalyptik nichts im Sinn. Es geht um das Ende der Leiden auf der Erde. So ist die Apokalyptik, auch die Apokalyptik Jesu, in der Gegenwart verankert. Jetzt ist die Stunde der Hoffnung auf Gottes Reich, Gott ist nahe. Die Nähe Gottes ist nicht in Zeitabständen zu messen, sondern in der Stärke der Hoffnung, die sich unter den Menschen ausbreitet: „Die Zeit ist erfüllt, und das Reich Gottes ist nahe herbeigekommen" (Mk 1,15). Gottes Nähe hat Konsequenzen: „Kehrt um", ändert euren „Sinn" (*metanoia*/Umkehr heißt wörtlich: Veränderung des *nous,* des Verstandes, des Denkens, der Lebensrichtung). Ihr habt Grund zur Hoffnung, die Resignation und die Zeit der Ohnmacht gehen zu Ende. Die Hoffnungssprache Jesu ist überschäumend, mitreißend: „Selig sind eure Augen, denn sie sehen, und eure Ohren, denn sie hören. Wahrlich, ich sage euch, viele Prophetinnen und Gerechte haben danach verlangt zu sehen, was ihr seht, und haben es nicht gesehen..." (Mt 13,16f.) Es ist die Zeit, Loblieder zu singen. Gott hat Jesus als seinen Messias-Befreier des Volkes beauftragt, die Herzen mit Hoffnung zu erfüllen. Schon bei seiner Geburt hat ein alter Mann, so erzählt es die Legende (Lk 1,67–79), Gott gelobt, weil das Licht Gottes jetzt zu sehen sei, „damit es erscheine denen, die in Finsternis und im Schatten des Todes sitzen, und richte unsere Füße auf den Weg des Friedens." Gottes Güte, die die Schöpfung immer weiter ins Leben ruft, gehört zusammen mit seiner dunklen Seite, seinem Zorn. Es gibt die Zeit des Jubels, aber auch die Zeit des Wachsens und Reifens. Und es gibt die Zeit des Erschreckens über das Ende der Sicherheit bei denen, die nicht hören und sehen wollen, obwohl sie hören und sehen könnten (zum Beispiel Mt 24, 37–39). Die Gegenwart wird so als von Gott bestimmte Zeit erfahren.

Er wird abwischen alle Tränen

Wenn wir darauf achten, was der wiederkommende Menschensohn, von dem das Neue Testament spricht, tun wird, dann wachsen wir vielleicht tiefer in die Sehnsucht nach Gottes Reich hinein, dann werden wir hungriger und durstiger nach Gottes Gerechtigkeit, und dann verstehen wir die Bilder vom Ende so, wie sie heute schon in den Basisgemeinden und Befreiungsbewegungen der armen Welt verstanden werden. Gott wird dann seine Töchter und Söhne „sammeln", Gott wird sie heimholen. „Siehe, die Wohnung Gottes bei den Menschen… Und er wird abwischen alle Tränen aus ihren Augen, und der Tod wird nicht mehr sein und keine Trauer, kein Geschrei und kein Leiden, denn das erste ist vergangen" (Offb 21, 3). Wann wird es soweit sein? Die Spekulation darüber ist uns nicht gestattet. „Von dem Tag aber und der Stunde weiß niemand, auch die Engel im Himmel nicht, auch der Sohn nicht, sondern allein der Vater" (Mk 13, 32).

„Was tust du,
fragt mich der Engel“

Gerechtigkeit und Verantwortung

Was hast du getan wird der engel mich fragen

In diesem november
habe ich zwei vorurteile korrigiert
das gegen amerikanische e-musik mit hilfe von samuel barber
und das gegen blumen aus seide draht und papier

Ich habe mich rühren lassen
im rahmen dessen was vorgesehen ist für meine klasse
ich habe mich an dem luxus erfreut
den mädchen in hongkong herstellen unterernährte
die in handarbeit blumen anfertigen nichts essbares

Nenn es nicht gottlos ich sterbe bald
die internationale arbeitsteilung
blumenmacher und blumenfreunde
unter- und überernährte
spieler und hörer
nenn es nicht gottlos ich bitte dich
außerdem lass mich doch aufzählen
wieviel Prozent meiner zeit meiner kraft
meines geldes meines ansehens ich ins notwendige stecke
die fehlende zwischenrolle in der kette der ausbeutung
ich spiel sie
sei nicht noch trauriger engel
ich brauche ästhetik
wie du deine flügel
geh nicht weg frag mich wenigstens noch
glaub mir jede seidene blume und jeder ton
macht uns stärker
mut kommt nicht aus bomben
er wächst aus schönheit

Was tust du fragt mich der engel

Hände, die heilen

Wir dürfen uns nicht von der Ohnmacht überwältigen lassen. „Da kann man nichts machen" ist ein gottloser Satz. So ist es eben, Hunger hat es immer gegeben, heißt sagen, Gott hat keine Hände. Zu denken, ich als einzelne kann sowieso nichts ändern, heißt, sich selber abschneiden von der Liebe Gottes. Es ist ja nicht wahr, dass du allein bist. Wir haben alle und an jedem Ort viel mehr Schwestern und Brüder, als wir glauben. Der Glaube an das Evangelium beginnt mit ihrer Entdeckung: Geschwister zu entdecken, die neuen Namen des Reiches Gottes durchzubuchstabieren und frei zu werden vom Zwang einer brutalen, Mensch und Tier vernichtenden Zeit. Wir legen diese Zeit aus Eisen und Blut, aus Kälte und Gleichgültigkeit in Gottes gute Hände, Hände, die arbeiten an der Befreiung, Hände, die heilen, Hände, die teilen.

Die Zeit ist von Gott gefüllt,
und die Welt, in der niemand hungern muss,
liegt vor unseren Augen.
Kehrt um und vertraut der Botschaft,
die die Verlorenen rettet.

Wir alle können auch Wunder tun

Ich denke, dass die christliche Theologie viel Schuld daran trägt, dass das Christentum so ohne den Tröster, so ohne den Wahrheitsbringer, so geistlos ist. Sie hat den Leuten eingeschärft, dass Jesus alles sei, wir dagegen nichts. Dass Jesus alles kann, wir uns aber nur ja nichts trauen sollen. Dass Jesus Hungrige speist, Kranke heilt, Dämonen austreibt, dass wir uns aber doch um Gottes willen nicht erkühnen sollen, dieses für unsere Aufgabe zu halten. Sonst würde das Evangelium ja plötzlich politisch! Dann würden die Christen begreifen, dass eine Wirtschaftsordnung nicht dem Willen Gottes entspricht, die seit Jahrzehnten trotz größter Produktion und fantastischster Verschwendung nicht in der Lage ist, den Hunger in der Welt zu besiegen. Gott will aber das Leben in seiner Fülle für alle. Gott will uns alle zu Friedensstiftern machen und das heißt, uns aus der Angst vor den Mächtigen herauslocken.

Ich erinnere mich an den Tag, als ich, das Neue Testament studierend, begriff, dass Jesus wirklich glaubte, wir alle könnten an der Kraft Gottes, die in ihm war, Anteil haben. So wie er Wunder tat, so nahm er an, dass wir alle Wunder tun können: Hungrige speisen, Nackte kleiden, die Toten ins Leben rufen. Wirklich an die Wunder Jesu glauben, bedeutet, Wunder zu tun. Es ist einfach eine falsche – und überaus bequeme – Lehre, zu denken, dass Jesus absolut einzigartig war. Paulus sagt über ihn: „Er war der Erstgeborene unter vielen Brüdern und Schwestern." (Römer 8,29) Es war niemals sein Interesse, einzigartig und geschwisterlos zu sein. Es war und ist vielmehr sein ganzer Wunsch und Wille, uns zu seinen Geschwistern zu machen, die nicht in einer falschen Abhängigkeit von ihm leben, sondern am Geist Gottes Anteil haben.

Am Mantel Gottes mitstricken

Gott träumt uns, und wir sollen ihn nicht allein träumen lassen. In einem lateinamerikanischen Lied heißt es:

„Eines Tages wird die Erde allen Menschen gehören
und die Menschen werden frei sein,
so wie du Gott es gewollt hast,
von Anfang an."

Dieses Lied spricht *zu* Gott, nicht *über* ihn. Es befreit uns von dem Schicksalsgötzen, in dessen Macht alles kommt, wie es eben kommt. Es verbündet uns mit einem Gott, der nicht der allmächtige Sieger ist, sondern auf der Seite der Armen und Benachteiligten steht. Ein Gott, der immer noch versteckt ist in der Welt und sichtbar werden will.

Nichts kann uns scheiden von der Liebe Gottes, heißt es im Römerbrief (8,35f). Diese tiefste Gewissheit erfahren wir nicht, wenn wir uns wie Kinder in den Mantel Gottes wickeln wollen und dann beim Erwachsenwerden glauben, ihn nicht mehr zu benötigen. Es ist zu kalt auf der Welt, als dass wir meinen könnten, es ließe sich ohne diesen Mantel leben. Die Gnade wärmt uns, aber sie hilft uns zugleich, am Mantel Gottes mitzustricken.

Ich bin oft gefragt worden, welche persönlichen Gründe ich hatte, mich für Vietnam zu engagieren. Dieses Land war ein Laboratorium geworden, in dem die damals modernsten Waffen an Menschen ausprobiert wurden. Immer wieder ging mir das Bild durch den Kopf, das ich von einer Frau in Vietnam gesehen hatte, die dem Napalm zu entkommen versuchte, indem sie durch einen Fluss ging. Sie hatte ein Kind auf dem Rücken, ungefähr fünf Jahre alt. Ich dachte: Selbst wenn dieses Kind durchkommt und überlebt, dann kann doch diese Angst und diese Beschädigung niemals ausgelöscht werden.

Manchmal, wenn ich meine Kinder ansah, die damals 15, 14, 11 und fast zwei Jahre alt waren, fiel mir dieses Kind ein. Ich fand, die Mütterlichkeit, wenn es so etwas gibt, ist unteilbar. Man kann nicht für ein Kind oder zwei oder drei Kinder Mutter sein und damit hat sich's. Man kann nicht ein paar Kinder gern haben, und die Kinder der Schule, die bei einem amerikanischen Bombenangriff leider verbrannt wurden, weil man meinte, die Vietkong versteckten sich da, vergessen oder als bedauerliche Opfer militärischer Notwendigkeit abschreiben. Man kann nicht für einige Kinder sorgen und zugleich eine Politik unterstützen, die so viele Kinder verbrennt, verhungern oder in Lagern verkommen lässt.

Ein weiterer Grund, den ich hatte, mich für die Vietnamesen zu engagieren, war ein zugleich privater und christlicher. Ich glaubte zu wissen, was es heißt, wenn ich sagte: Ich bin Christin. Ich drückte damit eine Beziehung zu einem Menschen aus, der vor zweitausend Jahren gelebt und die Wahrheit gesagt hatte. Ich versuchte, diesen Mann ernstzunehmen, weil ich dachte, dass seine Geschichte Folgen hat bis heute.

Ich konnte keinen nennenswerten Unterschied finden zwischen einer Dornenkrone und diesen Tränengasderivaten, die bei ungünstiger Windteilung nicht nur zum Weinen und Sichübergeben führten, sondern zum Ersticken. Ich konnte keinen nennenswerten Unterschied finden zwischen den neu ausprobierten Geschossen und Giften und der älteren Art, Menschen durch Annageln an ein Kreuz umzubringen.

Anne Franks Stimme

Ich gehöre dem gleichen Jahrgang an wie Anne Frank. Zwanzig Jahre war ich alt, als ich ihr Tagebuch gelesen habe; damals 1950, als die erste deutsche Ausgabe erschien, war sie schon fünf Jahre tot. Aber die Toten altern nicht, sie verblassen höchstens, was bei Anne kaum vorstellbar ist. Ich las ihre Eintragungen, als wäre ich dabeigewesen, im Hinterhaus in Amsterdam mit dem Blick auf die Grachten. Anne war für mich die Freundin, die ich schon so lange suchte: witzig, neugierig, intelligent, voller Einfälle, vital: Anne, die sarkastisch die Mundwinkel herabzog über das Gejammer der Erwachsenen über zurückgelassenes Porzellan, Anne, unausstehlich in ihrer Verachtung mittelmäßiger Dummheit, Anne, mit den Augen, die alle Welt vom Photo her kennt, voller Trauer und doch nicht jammerig.

Ich denke, dass viele Mädchen aus behüteten Familien mit einem hohen Bildungsanspruch dieses Buch verschlungen haben wie ich: als ein Buch für Mädchen, ein ehrliches Buch über die Ängste und Verzweiflungen des Jungseins. Damals kannte ich das Wort „Pubertät" noch nicht, ich hatte keine Distanz zu diesen Formen der Einsamkeit. Und Anne hatte genau geschrieben, was ich auch erlebt hatte: „Jeder findet mich übertrieben, wenn ich nur den Mund auftue, lächerlich, wenn ich still bin, frech, wenn ich eine Antwort gebe, raffiniert, wenn ich mal eine gute Idee habe, faul, wenn ich müde bin, egoistisch, wenn ich mal einen Löffel mehr nehme, dumm, feige, berechnend usw. usw. Den ganzen Tag höre ich nur, dass ich ein unausstehliches Geschöpf sei, und wenn ich auch darüber lache und so tue, als wenn ich mir nichts daraus machte, ist es mir wirklich nicht gleichgültig" (30. Januar 1943).

Anne denkt, fühlt, atmet und hofft gegen den Alltag und die Angst. Nicht nur jeder Tag, auch jeder Satz, den dieses Mädchen schreibt, ist den Mördern gestohlen, dem Leben zurückgegeben. Darin liegt ein Auftrag an alle, der über die Zeit des deutschen Faschismus vor einem halben Jahrhundert hinausgeht: Wo immer Menschen verfolgt, verschleppt, ermordet und verscharrt werden, da ist Anne Franks Stimme, die den Mordbeamten das Recht streitig macht, halb ein Kind, halb eine junge Frau, gegenwärtig.

Und doch ist es etwas Besonderes, als Deutsche Anne Frank zu erleben. Die Maschine des Todes, der sie ausgeliefert wurde, ist ja die, die mein Volk vorgedacht und ersonnen, gebaut, geölt und bedient hat, bis zum bitteren Ende.

Es ist viel gestritten worden über kollektive Schuld und Verantwortlichkeit. Mein Grundgefühl ist eher das einer unauslöschlichen Scham: zu diesem Volk zu gehören, diese Sprache der KZ-Wächter zu sprechen, diese Lieder, die auch in der Hitlerjugend und im BdM gesungen wurden, zu singen. Diese Scham verjährt nicht, ja sie muss lebendig bleiben.

Als sich eine schülerin das leben genommen hat

Ich habe es nicht gewusst
du hast es nicht gewusst
er sie es wir ihr sie
haben es nicht gewusst

Ich habe es nicht wissen können
Ich habe es nicht wissen wollen
Ich habe es nicht kommen sehen
Ich habe es laufen lassen
Ich habe es nicht aufhalten können

Ich habe auch nur zwei augen
Ich habe auch nur zwei hände
Ich habe auch nur ein telefon
Ich kann nicht überall sein
Ich bin nicht immer erreichbar

Ich glaube an christus sagt man
er hätte ihr helfen können sagt man
wenn ich du er sie es wir ihr sie
christus geworden sind
braucht man nicht mehr
sagt man zu sagen

Meditationen zu den Zehn Geboten

Das erste Gebot sagt mir:
Ich bin die Stimme des Lebens,
des gefährdeten, endlichen Lebens.
Glaub nicht, dass mehr Tod und mehr tote Dinge
das Leben schützen können.
Vertrau mir, die das Leben auf dieser Erde
„sehr gut" genannt hat.
Gib deine Depressivität auf.
Ich hab meinen Atem in dich geblasen
und dem Universum eine Seele gegeben.
Bewahre sie, so wie ich dich behüte.

Das zweite Gebot sagt mir:
Ich bin das Geheimnis des Lebens,
du wirst mich nicht entziffern
und verkäuflich machen,
du wirst mich nicht einteilen
in überflüssig und verwertbar,
du wirst meinen Namen nicht an dich reißen,
um deine Macht zu vergrößern,
du wirst meine Kraft spüren
jenseits der Bilder und hinter den Namen,
du wirst mich nicht verraten.

Das dritte Gebot sagt mir:
Du sollst dich selbst unterbrechen.
Zwischen Arbeiten und Konsumieren
soll Stille sein und Freude,
zwischen Aufräumen und Vorbereiten
sollst du es in dir singen hören,
Gottes altes Lied von den sechs Tagen
und dem einen, der anders ist.

Zwischen Wegschaffen und Vorplanen
sollst du dich erinnern
an diesen ersten Morgen,
deinen und aller Anfang,
als die Sonne aufging
ohne Zweck
und du nicht berechnet wurdest
in der Zeit, die niemandem gehört
außer dem Ewigen.

Das vierte Gebot sagt mir:
Du sollst nicht von dir denken,
du wärest ganz allein,
du hättest nur für dich Verantwortung.
Du sollst den Vertrag, der deine Kindheit behütet hat,
nicht brechen an den Hilflosen,
du sollst Zeit für sie haben
und Ohren für das, was sie vielleicht
nicht mehr sagen können.
Du sollst niemanden abschieben,
du sollst leben inmitten von anderem Leben,
das lebt wie du
und stirbt wie du.

Das fünfte Gebot sagt mir:
Du sollst dich nicht am Töten beteiligen,
du sollst deine Kinder nicht zum Töten erziehen,
du sollst es nicht mit vorbereiten
in Gedanken, Worten und Steuern.
Du sollst die Mittel zum Töten nicht erforschen,
herstellen, verbessern und verkaufen,
du sollst nicht niederknien vor der Gewalt,
sondern niederknien vor dem Gott des Lebens
und den aufrechten Gang lernen.

Das sechste Gebot sagt mir:
Du sollst die Liebe nicht brechen,
sie ist kein käufliches Ding.
Du sollst niemanden benutzen
und dir zur Verfügung halten
als Sexobjekt und Verkaufsschlager,
du sollst niemanden besitzen.
Du sollst die Liebe blühen lassen
sommers und winters,
du sollst ihr Raum geben und Zeit.
Gott schützt die Liebenden
und hält sie lebendig,
dass sie nicht verlernen,
zu lachen, zu weinen,
und nicht vergessen,
zu leben.

Das siebte, neunte und zehnte Gebot sagen mir:
Du sollst dich nicht an den Armen bereichern,
du sollst sie nicht betrügen mit unfairen Preisen,
du sollst die Schuldsklaverei nicht dulden,
du sollst nicht mit den Wölfen heulen,
du sollst die Barbarei der Finanzorganisationen
nicht beschönigen oder für unabänderlich halten.
Unser erpresster Reichtum hat unsere Herzen
zu Steinen gemacht,
unsern Kopf zu Computern ohne Geist.
Gott, mach aus allen Dieben Geschwister,
die das Leben miteinander teilen.

Das achte Gebot sagt mir:
Du sollst nicht lügen und den Lügen nicht glauben.
Du bist als Zeugin der Wahrheit geboren
und nicht als Berechnerin des Erfolgs.
Du sollst den Schrei derer, die dein Eintreten brauchen,
nicht in dir ersticken.
Du wirst wahrheitsfähig werden
und dich nicht den Einschaltquoten unterordnen,
du wirst deine Stimme
für die Stummgemachten erheben,
und die Wahrheit erheben,
und die Wahrheit wird
dich und uns alle frei machen.

Auf der Seite der Armen stehen

Ein Grundsatz der Theologie der Befreiung, die man auch eine Theologie der Armen nennen kann, ist, dass die Armen die Lehrer sind, die uns auf das Leben aufmerksam machen. Was lehren denn die Armen? Sie warten auf Wunder. Sie brauchen Wunder – während für die Reichen die Wunder nur Aberglaube, Illusion, Realitätsflucht sind. Die Armen brauchen das Wunder: die Außerkraftsetzung der Realitätsgesetze, dass, wer fällt, auch noch gestoßen wird, dass der Starke über die Schwachen siegt und ihnen Gewalt antut; sie brauchen das Wunder, dass Solidarität stärker als die strukturelle Gewalt der Mächtigen ist. Die Armen brauchen nicht Reformen, Hilfsprogramme, Placebos, sondern das Wunder, dessen Kern die Umverteilung ist. Die neue Verteilung der Arbeitszeit, der Einkommen und der Freizeit nach dem Prinzip der Bedürfnisse – das sind Hoffnungen, ohne die die Armen nicht ihre Würde bewahren können.

„Alles ist möglich dem, der da glaubt", sagt Jesus. An Wunder „glauben" bedeutet in seiner Botschaft, sich an ihnen zu beteiligen, sie zu tun.

Das Versprechen der Zukunft Gottes in einer solchen solidarischen Kultur ist eine Einladung zum Kampf, zum Eintreten für die Opfer und zum Mitleiden. Die Menschen, die sich auf die Seite der Armen ziehen lassen, kommen mit dem Grund allen Lebens in Berührung; das drückt die Bibel so aus, dass ihnen Gott in den Armen begegnet.

Wie ich höre

Wie ich höre
hat der heilige thomas
drei mittel empfohlen
zur bekämpfung der schwermut
schlafen
baden
und die betrachtung des leidens christi

Wie ich sehe
lauten die ratschläge meiner freunde
gegebenenfalles
mit jemand schlafen
trinken
und die betrachtung des eigenen leidens

Wie ich vermute
empfehlen andere meiner Freunde
wenn ich sie fragen könnte
wachbleiben
arbeiten
und die betrachtung der weltkarte
die analphabeten verzeichnet
und unternehmer der rüstung

Diese jedoch
deren rat mir nützlich wäre
als korrektur
wohnen weiter ab
hinter mauern

Gott braucht uns

Buber sagt: „Dass du Gott brauchst, mehr als alles, weißt du allzeit in deinem Herzen. Aber nicht auch, dass Gott dich braucht? In der Fülle seiner Ewigkeit dich? Wie gäbe es den Menschen, wenn Gott ihn nicht brauchte, und wie gäbe es dich? Du brauchst Gott, um zu sein, und Gott braucht dich zu eben dem, was der Sinn deines Lebens ist." Buber versucht, die „Begegnung mit Gott, aus der wir nicht als die gleichen hervorgehen", aufzuschlüsseln, und benennt drei Elemente dieser Begegnung. Das erste ist „die ganze Fülle der wirklichen Gegenseitigkeit, des Aufgenommenwerdens, des Verbundenseins, ohne dass das Verbundensein einem das Leben irgend erleichtere – es macht das Leben schwerer, aber es macht es sinnschwer". Wirkliche Begegnung in Liebe kann nur in Gegenseitigkeit, nicht in einem asymmetrischen Abhängigkeitsverhältnis stattfinden. Geben und Nehmen sind beiderseitig: Wir brauchen Gott nur, wenn wir auch wissen, wie sehr Gott uns braucht. Es gibt eine falsche christliche Verkürzung der Liebe auf ein reines Geben hin, das oft am Eltern-Kind-Modell durchdacht worden ist und vor allem an der unbegrenzt gebenden Mutter, die selber nichts bekommt, glorifiziert wurde. Aber diese wirklichkeitsfremden Illusionen führen zu Neurosen, und zwar auf beiden Seiten einer solchen Beziehung. Die Liebe selbst will die Gegenseitigkeit, Gott will unsere Freude, unsere Kraft, unsere schöpferische Anteilhabe und nicht uns als bloße Gefäße göttlichen Eingusses. Wir sollen mit unseren Pfunden wuchern (Lukas 19, 11–27). Alle unsere Beziehungen, auch die zu schwächeren, kranken Partnern sollen mindestens tendenziell auf Gegenseitigkeit hin angelegt sein. Denn es ist gerade aus dem Miteinander der Begegnung, dass Sinn entsteht.

Das zweite Element dieser Buberschen Aufschlüsselung der Erfahrung Gottes ist „die unaussprechliche Bestätigung des Sinns. Er ist verbürgt. Nichts kann mehr sinnlos sein. Die Frage nach dem Sinn des Lebens ist nicht mehr da." Diesen letzten Gedanken Bubers kann ich aus meinen Erfahrungen nur bestätigen. Ich habe in den Jahren nach der deutschen Katastrophe eine intensive Phase der Sinnlosigkeit, der Jugendverzweiflung, des europäischen Nihilismus erlebt. Der Existentialismus, vor allem durch Sartre und Camus repräsentiert, prägte diese Phase meiner Entwicklung. In traditioneller Ausdrucksweise geredet, suchte ich Gott. Aber was ich fand, war das „nichtende Nichts“ Heideggers oder der Satz Sartres aus „Les jeux son faits“, dass die Hölle der andere sei. Die erlebte Sinnlosigkeit war geradezu Bedingung meiner geistigen Existenz geworden. Damals dachte ich immer, es müsse eine Antwort auf die Frage nach dem Sinn geben, und stellte sie mir wie einen Schlüsselsatz vor, der einem im Traum zukommt. Die Erwachsenen, die die Frage nach dem Sinn aufgegeben hatten und die Abschaffung solcher Fragen für Weisheit und höhere Reife hielten, ekelten mich an. Ich erhoffte mir eine größere Klarheit über den Sinn, wobei ich wohl Ziel des Lebens und gegenwärtiges Getragensein zusammenband. Während ich aber noch eine Antwort in der Gestalt einer Aussage „das und das ist der Sinn des Lebens“ suchte, ging es mir gerade so, wie Martin Buber es hier beschreibt: „Die Frage nach dem Sinn des Lebens ist nicht mehr da. Aber wenn sie da wäre, wäre sie nicht etwa zu beantworten. Du weißt den Sinn nicht aufzuzeigen und weißt ihn nicht zu bestimmen, du hast keine Formel und hast kein Bild für ihn, und doch ist er dir gewisser als die Empfindungen deiner Sinne.“ Und sicher gewisser als die Reflexionen deines Kopfes! Wir finden den Sinn nicht als ein Etwas, als eine Formel, die dann für immer gültig wäre. Und doch gibt es ein Sinnempfangen, in dem das Fragen verstummt, weil wir aus dem Sinn selber leben. Das ist die Grunderfahrung der Liebe. Sie begegnet auch in der Grunderfahrung des Mutterwerdens. Es erscheint eine Gewissheit, in der nichts mehr sinnlos werden kann.

Das dritte, das Buber hier neben Gegenseitigkeit und Sinnerfahrung benennt, ist, dass der Sinn getan, von uns gelebt werden muss. „Nicht gedeutet – das vermögen wir nicht – nur getan will er von uns werden. Dies ist das dritte: Es ist nicht der Sinn eines anderen Lebens, sondern dieses unseres Lebens, nicht der eines Drüben, sondern dieser unserer Welt, und er will in diesem Leben, an dieser Welt von uns bewährt werden." Tun, Bewähren, Leben – das ist aus der Tiefe des Judentums heraus gedacht. Jüdisch ist der Satz: „Die Botschaft will nicht in mir verschlossen, sondern durch mich in die Welt gebracht werden." Gott ist hier als Wille verstanden, nicht als in sich ruhendes Sein. Natürlich bleibt Gott ein unendliches Geheimnis, das wir nicht ausdeuten können, aber ethisch gesprochen ist das ein dummer Satz, weil es durchaus klar und erkennbar ist, was Gott von uns will. „Es ist dir gesagt, Mensch, was gut ist und was der Herr von dir fordert" (Micha 6, 8). Es ist durchaus erkennbar, wie der Sinn empfangen und in die Welt gebracht werden soll.

Antworten

Beten ist antworten, und dass wir antworten können auf die Frage der Liebe, ist unsere ganze Definition. Nicht mehr Macht und Ohnmacht sind die Pole, zwischen denen das Gebet kreist, sondern nun menschlicher: Klage und Jubel, Schreien und Hoffen. Unser ganzes Leben besteht aus solchem Antwort-Versuchen und Antwort-Versagen, aus Beten und Nichtbeten. Was dabei offiziell oder subjektiv als Gebet läuft, kann durchaus Antwort-Versagen sein, Alibi oder Ersatzhandlung. Kriterium bleibt, ob wir die Fragen Gottes gehört haben.

Von Gott gefragt, antworten wir und fragen zurück nach dem, der seine Versprechungen bewahrheiten soll. Im Spiel dieser Fragen miteinander – Wo bist du? Wo ist dein Bruder? Warum hast du uns verlassen? Wann kommst du wieder? – im Spiel der Liebe ist es in der Tat das Beten, das die Welt zusammenhält, weil es ihre Zukunft offen lässt.

Denn nicht das Bekannte, Gehabte, Festgestellte und Verwertbare, das Verdinglichte schlechthin wird gesagt oder lohnte überhaupt gesagt zu werden, sondern das, was noch aussteht. Im Gebet setzt sich der Mensch aufs Spiel. Er setzt seine Zukunft, die am immer noch ausstehenden Gott hängt, aufs Spiel. Aber selbst dieser Einsatz ist kein erstes, sondern Antwort auf den Gott, der sich in Jesus von Nazareth aufs Spiel gesetzt hat, der seine eigene Zukunft preisgegeben und entäußert hat in die Geschichte der Leute hinein. Das Spiel ist nicht aus.

„Einmal werden die Bäume die Lehrer sein“

Schöpfung und Verbundenheit

Vom baum lernen

Vom baum lernen
der jeden tag neu
sommers und winters
nichts erklärt
niemanden überzeugt
nichts herstellt

Einmal werden die bäume die lehrer sein
das wasser wird trinkbar
und das lob so leise
wie der wind an einem septembermorgen

Kinder einer Mutter

„Gottes ist die Erde und alles, was sie erfüllt, der Erdkreis und die darauf wohnen" (Psalm 24, 1). Die Schöpfung ist nicht einfach ‚da', wie ein Haufen Material, sondern erwartet, gewünscht, geboren aus Gott, unserer Mutter. Wenn wir ‚Schöpfung' sagen und nicht einfach ‚Natur', dann sagen wir etwas über die Beziehungshaftigkeit des Seins. Die Erde dreht sich zärtlich, die Walfische spielen im Meer Gott zur Ehre (Psalm 104, 25), die Bergwiesen stehen voller Frühlingsblumen ohne jeden Nutzen, und manchmal, wenn wir Musik hören, wissen wir, dass wir alle Geschwister sind, Kinder einer Mutter, die ohne Bruder Feuer und Schwester Wasser nicht leben können, Freunde des Windes, angstlos und voller Hingabe an das Leben.

Von Gott geschaffen

Von Gott geschaffen zu sein ist die tiefste Ursache unserer irdischen Gemeinsamkeit, nicht nur unter den Menschen, sondern mit allen anderen Lebewesen. Wir sind mit allem, was ist, gemeinsam gewollt und so gemeint, wie wir sind, ein Teil dieser Erde. „Ich habe die Erde gemacht und Menschen auf ihr geschaffen, meine Hände haben den Himmel ausgespannt, ich habe all sein Heer bestellt" (Jesaja 45, 12).

Im biblischen Schöpfungsglauben sind drei Elemente zusammengedacht: die Schöpfergottheit, der Mensch und die Welt. Ich versuche, die gemeinsamen christlichen Grundlagen zu formulieren.

Im christlichen Verständnis von der Schöpfung kommt es darauf an, die Schöpfergottheit gegenwärtig zu halten, die geschaffenen Menschen als frei zu begreifen und, was heute vielleicht am schwersten zu glauben ist, die Schöpfung als gut anzusehen und zu lieben.

Die erste Aussage ist, dass Gott Schöpferin und Erhalter der Welt ist, die letzte Ursache, wie es manchmal philosophisch ausgedrückt wird, oder der Grund, ohne den nichts ist, was da ist. Die Welt hat einen Anfang und war nicht ewig, das ist eine von anderen Religionen unterschiedene Vorstellung des biblischen Glaubens, die in seinem Geschichtsbewusstsein wurzelt. Sie hat einen Anfang und auch ein Ende, die nach jüdischer und christlicher Sicht durch Gott bestimmt sind. Dass Gott Schöpferin ist, gibt Grund zu Ehrfurcht und Vertrauen; Ehrfurcht vor der Größe der Schöpfung, vor ihrer Schönheit, vor dem gestirnten Himmel über uns, von dem Kant sprach, und zugleich Vertrauen, ein Sich-zu-Hause-Fühlen liegen im Schöpfungsglauben. Grundgefühle dieser Art konstituieren das Weltvertrauen. Ohne die ihnen zugrunde liegenden Erfahrungen ist menschliche Kindheit unvollständig und emotional verarmt. Es ist notwendig, die Gefühle der Ehrfurcht und des Vertrauens der Schöpfung gegenüber zu erlernen; sie brauchen Sprache und vertrocknen auf dem Boden rein rationalistischer Welterklärung. Ein Kinderlied wie „Weißt du, wieviel Sternlein stehen?" übt in den Glauben an die Schöpfung ein. Ich denke nicht, dass Ehrfurcht und Vertrauen erst einmal auf den Schöpfer selbst gerichtet sein müssen; diese überzogene Trennung von Schöpfer und Schöpfung halte ich für einen Irrweg. Wir *erkennen* den Schöpfer in der Schöpfung, wo denn sonst! Wir sehen die Transzendenz in der Immanenz. Das Vertrauen kommt nicht abstrakt aus der Andersheit Gottes, es muss sich zum Beispiel durch die Wiederkehr der Sonne am Morgen, des Frühlings nach Winter vermitteln. Und der „Kindheitspantheismus" ist nicht auszurotten, sondern zu stärken.

Das zweite Element christlichen Schöpfungsglaubens bezieht sich auf das Geschöpf und seine unabhängige Existenz, es ist frei geschaffen. Adam und Eva sind frei, den Apfel zu essen, sie sind nicht schicksalhaft gezwungen, sie stehen nicht unter einer absoluten Notwendigkeit. Nach der jüdisch-christlichen Tradition ist der Mensch immer als Freiheit verstanden. Und Freiheit heißt auch, zum Bösen fähig zu sein. Da ist eine Unabhängigkeit vom Schöpfer gedacht, ein Herauswachsen aus der elterlichen Obhut, aber zugleich ist dieses Geschöpf eingebunden in die Gesetze der Kreatürlichkeit. Es lebt nur kurze Zeit und ist angekettet an die Ordnungen der Schöpfung, die sich als die Bedürfnisse der Gattung Mensch nach Nahrung, Schlaf, Wärme usw. ausdrücken.

Das dritte Element des Schöpfungsglaubens bezieht sich auf die als „gut“ angesehene Schöpfung. Hier liegen heute angesichts der Zerstörung, die ein Teil der Schöpfung, nämlich die Menschen in den Industrienationen, dem Ganzen antut, die größten Schwierigkeiten. Müssen wir mit einem endgültigen Ende des Lebens auf unserer Erde rechnen? Hat nicht der Mensch, jedenfalls in seiner Ausprägung als weißer Mann, der doch zum „Hüten“ und „Bewahren“ eingesetzt war (Genesis 2, 15), versagt und Gottes Erde irreparabel zerstört? Die Bibel erzählt, dass Gott an jedem Tag der Schöpfung sieht, dass alles „gut“ war, und es am letzten Tag sogar als „sehr gut“ ansieht. Was da ist, ist gut, ist liebens- und lobenswert. Wir haben kein Recht, die Welt für böse zu halten oder etwa das Böse der – möglicherweise von einem anderen Gott erschaffenen! – Materie zuzuschreiben. Diese materielle Welt ist weder ein Zufall noch eine Teufelserfindung, sondern gute Schöpfung Gottes.

Heiliger franziskus

Heiliger franziskus
bitt für uns
jetzt und in der phase der entmutigung
dein bruder wasser ist vergiftet
dein bruder feuer kennen die kinder nicht mehr
es meiden uns die vögel

Über dich lächeln sie
päpste und zaren
und die amerikaner kaufen ganz assisi
samt dir
heiliger franziskus
wozu warst du da

In den steinernen vorstädten
sah ich dich herumlaufen
ein hund der im abfall wühlt
selbst den kindern
ist ein plastikauto lieber
als du

Heiliger franziskus
was hast du geändert
wem hast du genützt

Heiliger franziskus
bitt für uns
jetzt und wenn uns das wasser ausgeht
jetzt und wenn uns die luft ausgeht

An die Güte der Schöpfung glauben

Mitarbeiterinnen Gottes können wir nur werden, wenn wir an die Güte der Schöpfung glauben und das biblische „es war alles sehr gut“ mitsprechen können. Nicht der Zufall ließ diese Welt entstehen, nicht das Chaos herrscht allgewaltig, nicht eine apokalyptische Götterdämmerung bestimmt die Zukunft. Das tiefe Vertrauen zu Gott und der Glaube an Gottes gute Schöpfung muss uns, und das trifft vor allem auf die zu, die eine Befreiungstheologie innerhalb der „Ersten Welt“ aufbauen, dazu bringen, eine ökologische Theologie zu entwickeln. Wir sind da erst am Anfang. Es gibt ein paar Versuche der Besinnung dort, wo Menschen um der Schöpfung willen gegen die Zerstörung der Schöpfung aufstehen.

Wenn wir von Schöpfung sprechen, meinen wir mehr als Natur, wir drücken zugleich die Heiligkeit der Erde aus. Es gibt ein Plakat, auf dem die Erde abgebildet ist, diese Kugel, auf der wir leben, mit all ihren Rissen und Schrunden, ein Ball mitten im Weltall, krustig und faltig und, wie das Foto zeigt, in ständiger Bewegung, unsere alte Erde. Darunter steht: „Liebe Deine Mutter“. Das ist eine neue Art, fromm zu sein. Angesichts der Zerstörung unserer Welt erinnern wir an die Schöpfung. Das geschieht in vielen Gruppen und ist ein wichtiges Element der Befreiungstheologie, die innerhalb der „Ersten Welt“ entsteht.

Franziskus ist der Heilige, der die Güte, die Schönheit der Schöpfung gelobt hat wie kaum jemand anderer. Die wichtigste Frage für eine ökologische Theologie scheint mir zu sein, wie wir Vertrauen in die Schöpfergottheit und Ehrfurcht der Schöpfung gegenüber leben können. Es kommt darauf an, die Schöpfung zu lieben, sich selber und die Kinder zu erziehen zu einer Aufmerksamkeit für die Schöpfung. Ich habe mit meinem kleinen zweijährigen Enkel Zwiebeln in die Erde gesteckt und ihm erklärt, dass jetzt Winter kommt und die Blumen erst schlafen müssen, auch dass die Regenwürmer jetzt nicht mehr so hoch kommen, dass wir sie sehen können. Das sind winzige Versuche, ein Stück Vertrautheit mit der Natur und Vertrauen ins

Wiederkommen herzustellen. In einer Diskussion über die Liebe zur Schöpfung warf ein Hörer ein: „Ich kann die Luft hier im Rhein-Main-Bezirk nicht ‚lieben'! Die ist ja völlig vergiftet. Was willst du damit überhaupt?!" Aber wenn man über Schöpfung nachdenkt, dann kann man sich nicht total auf den Augenblick begrenzen. Menschsein heißt auch zu wissen, was früher war und was später sein wird. Nach indianischer Weisheit soll jede Entscheidung, die wir treffen, im Angesicht der sieben folgenden Generationen verantwortet werden. Ich lebe nicht nur in dieser Minimalimmanenz meines jetzigen Zustandes und dieser verseuchten Luft und dieses verseuchten Wassers. Um menschlich zu denken, muss ich die menschliche Geschichte und ihre Möglichkeiten im Auge behalten, und dazu hilft mir ein Verständnis von der Schöpfung und ein Vertrauen in das, wie sie gemeint war.

Ich glaube, das existentielle Problem mit der Schöpfung ist, dass wir von negativen Erfahrungen so überwältigt sind, dass ein Urvertrauen kaum mehr zustande kommt. In dieser Situation wäre die christliche Aufgabe, die Trauer über das Sterben von Pflanze und Tier ringsum erst einmal zuzulassen; wir sollten die Katastrophenmeldungen nicht als bloße Informationen abhaken. Wir sollten klagen lernen, uns fühlfähig machen. Die Liturgie ist nicht eine Verzierung des Lebens, sondern ein Ort der Klage, des ausgesprochenen Schmerzes. Ohne Mitgefühl mit den sterbenden Robben und dem dahinsiechenden Wald können wir die Liebe zur Schöpfung nicht lernen. Und ohne diese Immanenz Gottes in unserer Erde geht uns Gottes Transzendenz verloren.

Ein anderes Verhältnis zur Erde

Meiner Sprachbeobachtung zufolge gibt es viele Menschen, die das Wort „Schöpfer“ nie in den Mund nehmen würden, sich selber aber durchaus im Wort „Schöpfung“ ausgedrückt fühlen. Dass etwas vorgegeben ist, ein Kosmos außerhalb unserer selbst, macht uns fremd in der produzierten und verwalteten Welt und heimisch in der anderen der Schöpfung. Je mehr wir die Natur zerstören, desto mehr sehnen wir uns nach ihr.

Die mystische Naturerfahrung weist hin auf die Abhängigkeit der Menschen. Anstelle vermeintlich totaler Autonomie tritt ein Wissen davon, dass wir, als Späterscheinung auf dem Planeten, von Pflanzen und Tieren abhängig sind. Es ist die Sonne, die photosynthetische Kraft grüner Pflanzen, die Existenz simpler Bakterien der Urmeere, die nicht nur Quelle und Kraft des Lebens sind, sondern auch die Ozonschicht und die mit Sauerstoff durchsetzte Atmosphäre geschaffen haben, die das Leben auf der Erde erst möglich macht. Diese unsere Abhängigkeit – nicht nur aus wissenschaftlicher Einsicht, sondern existentiell – anzunehmen ist ein erster Schritt zu einer anderen Spiritualität, ohne die die Bewahrung der Schöpfung nicht möglich sein wird. Die Erkenntnis der Abhängigkeit lässt sich wissenschaftlich vermitteln, aber die Veränderung des Grundgefühls, die Befreiung aus dem Warenhaus braucht heute eine Art mystagogischer Weisung, in der wir wieder lernen, dass Zweibeiner, Vierbeiner und Flügelwesen mehr miteinander teilen, als wir, in der Cartesianischen Ära befangen, lange glaubten.

Wasser, Luft, Wärme und Erde sind den lebendigen Erdbewohnern gemeinsam. Eine Verwandtschaft mit allen Lebewesen zu spüren gehört in die Mystik eines *tat tvam asi,* er ist wie du, einer anderen Beziehung zur Natur. Auf eine einfache Formel gebracht, ist die Natur kein Es, kein zu benutzendes Material, das in der patriarchal gedachten Hierarchie ganz unten steht, sondern ein lebendiges Du.

„Jeder Teil dieser Erde ist meinem Volk heilig“ ist ein Lied der ökologischen Bewegung, das seine Worte aus der für viele zum Vorbild gewordenen indianischen Naturreligion leiht. Die Erfahrung des Einsseins mit der Natur in der Mystik des Alltags ist Grundlage vieler Widerstandsgruppen, die der Zerstörung der Schöpfung, und auch nur ihrer Ersetzung durch vorgespiegelte Tourismusparadiese, entgegenarbeiten. Sie leben, häufig ohne Benennung dessen, was sie trägt, aus einer Aufmerksamkeit auf die Gegenwart Gottes in der Erfahrung von Natur. Aufmerksamkeit ist eine der wichtigsten mystischen Tugenden: Es geht um das Hören, Sehen, Riechen, Ertasten und Wissen, dass wir nicht allein sind, sondern in der Mitte von anderem Leben leben können. Liebe enthält nach Goethe immer ein Element von freiwilliger Abhängigkeit, die sich an vielen Stellen naturmystischer Poesie ausgedrückt findet. Wie Robert Frost sagt:

Our very life depends on everything's
Recurring till we answer from within.

Diese gegenseitige Lebensabhängigkeit respektiert die Schöpfung, aber nicht in einem rein monotheistischen Sinn, in dem nur der Schöpfer, Macher, Vater einseitig handelt und Macht ausübt. Eine lebendige Energie, die die Schöpfung durchdringt und an der wir Anteil haben, setzt ein anderes Denken voraus, in dem die gute Macht gerade andere mit Macht füllt. *Empowerment* ist der neue, feministisch gedachte Horizont, in dem Schöpfung als sich verteilende Kraft wahrgenommen wird. Die Schöpfungsmacht der Gottheit verstehen wir richtig, wenn wir sie aus den Bildern patriarchaler Kommandomacht ablösen und vielleicht besser mit Hildegard von Bingen als *viriditas* oder Grünkraft erfahren, als die Lebensenergie, die sich verteilt. Sie bewirkt, dass alle Geschöpfe in der Schönheit ihrer Vollkommenheit erstrahlen.

Ich denke, die mystische Spiritualität des Einsseins mit der Natur ist die beste Vorbereitung auf das andere Leben, das wir suchen. Ein sakramentaler Umgang mit dem Brot und dem Wasser, dem eigenen Leib und den nichtmenschlichen Geschwistern, der Energie und dem Kosmos selber wächst aus dem Abgrund, der unser herrschaftsfreier Grund ist.

„Grünkraft“

Ohne Gott, die anderen und die Natur kann der Mensch nicht existieren. Hildegard von Bingens Bild vom Menschen und ihr Bild von der Welt stehen in unauflöslicher Beziehung zueinander; die Maße und Proportionen des Menschen entsprechen denen der Welt. Deshalb steht in ihrer Vision mitten im Weltenrund die Gestalt des Menschen mit erhobenem Kopf und ausgespannten Armen. Der Brustraum des menschlichen Körpers wird in Beziehung gesetzt zum Luftraum des Kosmos, der Bauchraum mit der Grünkraft, die die Erde fruchtbar macht.

Der wohl wichtigste Begriff aus Hildegards Gedankenwelt ist diese *Grün-Kraft*. Es ist ihr Herzwort, ihr eigentümlich und angemessen. Sie hat ihre Heilkunst aus diesem Bild von der Gott zugehörigen „Viriditas“, Grünheit oder Grünkraft, entwickelt, aber physische Heilung und seelisches Heil werden hier eins. Medizin und Theologie gehören zusammen. Das Grün des Fingers Gottes weist auf die Schöpfung des Schöpfers und auf die Erneuerung durch den Heiligen Geist hin. Hildegard geht aus von konkreten Rezepten, in denen der Anblick oder die Imagination einer Wiese zur Stärkung geschwächter Augen empfohlen wird oder grüne Edelsteine verwendet werden. Im Ursprung der Schöpfung war die Grünkraft so stark, dass noch keine Agrikultur nötig war, um den Boden fruchtbar zu machen. Erst durch die Abwendung der Menschen von Gott, seinen „Fall“, wurde nach Hildegard die Grünkraft so geschwächt, dass nun alles Grün vom Verdorren bedroht ist und ständiger Pflege bedarf. Doch es bleibt eine Kraft aus der Ewigkeit, die fähig ist, alles zu erneuern. „Von der Sterblichkeit geht kein Leben aus, sondern Leben besteht eben nur im Leben. Kein Baum grünt ohne Kraft zum Grünen, kein Stein entbehrt der grünen Feuchtigkeit, kein Geschöpf ist ohne diese besondere Eigenkraft, die lebendige Ewigkeit selber ist nicht ohne die Kraft zum Grünen.“

Was immer wir „Gesundheit“ nennen, hat Anteil an der allem Leben innewohnenden Kraft. Unser verkümmerter Begriff, der nur die

Abwesenheit von Krankheit als „höchstes Gut“ denkt, muss sich da, wo die grünende Kraft des Lebens blüht, davonmachen.

Alles, was lebt, will liebende Umarmung, selbst die Steine geben von ihrem Glanz ab, das Leben ist ein nie endendes Geben und Nehmen, und wer nur von der eigenen Existenz weiß, ist versteinert, vertrocknet, hält sich apart in der spirituellen Apartheid, die vielleicht das Schlimmste ist, was wir über unsere Kultur sagen können. Wo der große „Weltgestank“ den Duft der grünen Kräuter zerstört, wo die Herzenshärte sich von der Schöpferkraft des Lebens selber abschneidet, da verkümmert das Leben, da herrscht die *Ariditas*, die Dürre. Was die Laster, zu denen Feigheit, Engherzigkeit und vor allem Depressivität, Weltschmerz gehören, zu sagen haben, ist nicht einfach nur moralisch blind und geistig borniert, es ist metaphysisch tot. Der Finger Gottes hat es nicht berührt.

Insofern benennt die Seherin aus dem 12. Jahrhundert sehr klar, was wir am Ende des 20. Jahrhunderts täglich erfahren, diesen spirituellen Tod, der dem Sterben unserer Geschwister vorausging. Wir haben den Dialog zwischen den Lastern und den Tugenden deswegen ausgewählt, weil er genau das enthält, was wir täglich erfahren, stündlich im Fernsehen sehen können; nur werden die Laster nicht Feigheit oder Herzenshärte genannt, sondern als das Normale und Realitätsgerechte ausgegeben.

Und so können wir dieser fernen Stimme nur zuhören, wenn wir uns selber von ihr orten lassen. Der Geist der Menschen „trinkt“ die Lehre des Heiligen Geistes, er lässt sich aus der Enge des isolierten Ego „ins Weite“ führen, aus der Dürre in die grünende Kraft.

Haben wir, hast du den Finger Gottes gespürt?
Werden wir auch mit allen Engeln singen?
Und Lob, Antwort, Verbundenheit nicht bloß aussprechen,
sondern gepflanzt in Gottes Pflanzung sein?

Die Erde dreht sich zärtlich

Ein Dichter aus Mittelamerika sagt: „Die Erde dreht sich zärtlich, compañera.“ Das ist ein Satz, den Gott sagen könnte. Dieses Drehen und Wiegen soll nicht aufhören, und wir sind ein Teil der Bewegung, auch für uns gilt: Saat und Ernte, Hunger haben und satt werden, Frost und Hitze, Schutz suchen und Schutz geben, Sommer und Winter, Aufwachsen und Altwerdendürfen ohne Scham, Tag und Nacht, Arbeit und Ruhe. Die Erde dreht sich zärtlich, compañera, weil Gott sie liebt. Gott unsere Mutter hat ein anderes Verhältnis zur Erde als die, die sich als ihre Herren und Besitzer aufspielen. Sie achtet die Erde und erinnert an die Scheidungen, die sie in der Schöpfung vorgenommen hat.

Mitschöpfer werden

Die traditionelle theologische Lehre unterscheidet zwischen Erschaffen und Machen. Das Machen ist dem Menschen zugeordnet und umfasst das Herstellen von Dingen aus vorgegebenem Material. Das Erschaffen bleibt Gott vorbehalten, denn er schuf die Welt aus dem Nichts. In Wirklichkeit wird aber unsere Beziehung zu Gott zerstört, wenn göttliches Handeln mit der Erschaffung aus dem Nichts gleichgesetzt und menschliches Tun auf den Bereich des bloßen Machens beschränkt wird. Die Gott und Mensch gemeinsame schöpferische Kraft des Lebens wird in einer solchen Theologie verleugnet.

Hinter dieser theologischen Unterscheidung von Erschaffen und Machen steckt die Angst, Gott verliere aufgrund der menschlichen Entwicklung an Bedeutung, die Schöpferkraft des Menschen schmälere die Macht der Gegenwart Gottes. Doch es ist ein Missverständnis, wenn man meint, die Lebendigkeit des Schöpfers verliere an Fülle, wenn „das Geschöpf" ein erfüllteres Leben gewinnt. Die Lebenskraft ist keine feststehende, endliche Größe, die zwischen Schöpfer und Geschöpf ungleich verteilt wäre, auch wenn die übliche Theologie oft diesen seltsamen Eindruck vermittelt. Im Gegenteil: Je mehr eine Person ihre schöpferischen Fähigkeiten entwickelt, sich den Entwurf der Befreiung zu eigen macht und ihre eigenen Grenzen überschreitet, desto mehr wird Gott Gott. Denn Gott klebt nicht an „seiner" Schöpfungsmacht, er behält sie nicht für sich, nicht in seinem Besitz, sondern er teilt sie aus, weil Gott weiß, dass nur geteilte Macht gute Macht ist.

Obwohl die hebräische Bibel die Vokabel „schaffen" nur in Bezug auf Gott gebraucht, so enthält sie doch Beschreibungen menschlichen Handelns mit kühnen Metaphern, die diese schöpferische Kraft des Menschen ausdrücken.

Jesaja zeigt, was es heißt, Mitschöpfer zu werden und am Prozess der Schöpfung aktiv teilzunehmen (Jesaja 58,6–12), nämlich „die Fesseln der Ungerechtigkeit" zu sprengen und „jedes Joch (zu) zertrümmern". Dann bricht unser Licht hervor „wie die Morgenröte";

das Licht derer, die sich nicht aufsparen, sondern verschwenden für die Hungernden, wird „in der Finsternis aufgehen". Ein anderes Bild Jesajas ist das vom „bewässerten Garten", das an den Garten des Paradieses mit seinen vier Strömen erinnert: „Du wirst sein ... wie ein Wasserquell, der nie versiegt." Alle diese Naturbilder – das Licht, der helle Mittag, der Wasserquell – sagen, dass Schöpfung ein fortwährender Prozess der Erhellung von Finsternis ist. Wir werden aufgerufen, an der Schöpfung mitzuarbeiten, die keine vergangene, abgeschlossene Tatsache ist, sondern der Prozess, der unsere eigentliche Zukunft verbürgt. Als „Mit-Schöpfer" nehmen wir teil am Guten der Schöpfung, wenn wir Böses ungeschehen machen.

Wenn die Schöpfung weitergeht kraft unserer Partizipation an ihr – was bedeutet das für unser Gottesverständnis? Die Theologin Carter Heyward kommt zu dem Schluss, dass „Gott kein Jemand ist, sondern transpersonaler Geist, Beziehungskraft (power-in-relation), die zu ihrer Inkarnation in die Welt der Menschheit bedarf, die Gutes tut, Gerechtigkeit übt und Liebe verwirklicht. Gutes zu tun und Böses ungeschehen zu machen ist ein Akt menschlicher Verantwortlichkeit. Gott ist unsere Kraft, die dazu befähigt." Die Beziehungskraft wird wirksam durch uns Menschen. Jede schöpferische Beziehung ist eine „messianische Wechselbeziehung", sagt Heyward und lenkt damit unsere Erwartung von einem jenseitigen Messias, der unser Gott, aber nicht unser Freund sein könnte, auf ein Gott-Mensch-Verhältnis, das durch wechselseitige Freundschaft und Neuverteilung der Macht (empowerment) geprägt ist.

Die Taten der Gerechtigkeit und der Liebe sind Taten, in denen Neues entsteht, in denen die Trümmer aufgebaut werden, das Recht hervorsprudelt wie frisches Wasser. Wir können an der Schöpfung Gottes Anteil haben, wann immer wir die Grundäußerung des menschlichen Daseins – arbeiten und lieben – wahrhaftig vollziehen. Arbeitsfähig und liebesfähig zu werden, darin besteht nach Sigmund Freud das Wesen des gesunden, des nichtneurotischen Menschen. Wir realisieren die Ebenbildlichkeit Gottes, indem wir mit anderen Menschen zusammen am Schöpfungsprozess teilnehmen: der Arbeiter ist das Ebenbild Gottes, wie es ein Gesprächsteilnehmer in Ernesto Cardenals ‚Evangelium der Bauern von Solentiname‘ ausdrückt. In Christus als dem Erstgeborenen, dem die Mächte untertan sind, erkennen wir, wer wir sein können. Christus ist das Ebenbild Gottes, das uns sagt: So war's gemeint, auch mit dir.

Die Bibel spricht nicht nur von der Beziehung, die Christus als Ebenbild zu Gott hat, sondern von seiner Beziehung zur geschaffenen Welt, zum Kosmos. „Er ist vor allem, und alles findet in ihm seinen Zusammenhalt“ (Kolosser 1, 17). Oder in einer anderen Übersetzung: „Er hat das ältere Recht als sie alle, und das All hat seinen Bestand in ihm“ (Jörg Zink). Dass Christus ‚vor‘ allem ist, ist nicht nur zeitlich und rangmäßig gemeint. Es bedeutet auch: er kann gesehen werden in allem, er durchdringt alles, er steckt hinter allem. Die Menschen, die mir begegnen, sind Christus, wie es im Gleichnis vom Endgericht gesagt wird. „Was ihr getan habt einem meiner geringsten Brüder, das habt ihr mir getan“ (Matthäus 25, 40). „Jeder, der einen anderen tröstet, ist Christi Mund“, sagt ein altes russisches Wort. Die Blumen und die Laternen, die ich sehe, als sähe ich sie zum erstenmal, wie ein Kind sie sieht, sind ‚Blumen Christi‘. Alles findet in ihm seinen Zusammenhalt, *omnia in ipso constant*. In einer zersplitterten, zusammenhanglosen Welt zerfallen mir die Erfahrungen meines Lebens oft, sie zerbröckeln. In Christus haben sie Zusammenhang, sie rufen nach mir, sie verlocken mich zur Teilnahme am Prozess der Schöpfung. In

Christus weiß ich, das größte Unglück der Arbeitslosigkeit ist, dass sie den Menschen signalisiert: du wirst nicht gebraucht. Wir können Sinn nur erfahren, wenn jemand uns braucht. In Christus merke ich, dass Gott mich braucht. Dass Gott dich braucht. Uns alle braucht.

Liebe zur Schönheit

Kinder und Künstler sind Lehrer einer Spiritualität der Schöpfung. Sie setzen die geschaffenen Dinge in eine neue Verbindung zueinander, sie verwandeln das Alltägliche in ein Wunder und das Vorhandene in ein Geschaffenes. Durch sie verlernen wir unsere trostlose Trivialität, sie lehren uns das freudige Erstaunen. Wir nehmen die Magnolie wieder wahr, als sähen wir sie zum ersten Male. Wir lernen einen anderen Blick.

Ein wesentliches Element für eine Spiritualität der Schöpfung ist die Fähigkeit, Schönheit wahrzunehmen. Menschen sind zu einer zweckfreien Anschauung der Dinge imstande, die wir ästhetisches Wohlgefallen nennen. Nimmt man das Verbum „wahrnehmen" wörtlich, dann zeigt sich, dass Wahrnehmung etwas mit Wahrheit zu tun hat. Die Wahrnehmung des Schönen verlockt uns zur Wahrheit. Wenn nach den Worten des Dichters William Blake „die Tore der Wahrnehmung gereinigt sind", dann bekommen wir mehr zu Gesicht und werden der geschaffenen Welt auf andere Weise gewahr. Die Dinge erscheinen nicht länger als verfügbare tote Materie, sondern als lebendige, wachsende Organismen. Im ästhetischen Sinne sind wir alle Animisten, die glauben, dass allem eine lebendige Seele innewohnt. Wahrnehmung des Schönen bringt die Gegenstände unserer Anschauung zum Reden. Es entsteht ein Dialog zwischen dem Betrachter und dem ansonsten in unserer Kultur als unbelebt geltenden Gegenstand. Im Gespräch mit der Sonne oder dem Baum begreifen wir den Zusammenhang der Schöpfung, und vielleicht erblicken wir sie so, wie Gott sie sah, als er am Anfang sprach: „Siehe, es ist sehr gut!" Das hebräische Wort für gut – tov – hat auch die Bedeutung von schön. Also sprach Gott bei der Erschaffung der Welt: „Siehe, alles ist sehr schön!" Die Schöpfung lieben heißt ihrer Schönheit gewahr werden, auch dort, wo wir sie am wenigsten erwarten. Ästhetische Erziehung, die unsere Wahrnehmungsfähigkeit erweitert, ist kein elitärer Luxus, sondern eine kulturelle Notwendigkeit für jedermann. Glaube an die Schöpfung schließt ästhetisches Empfinden ein. Man kann Gott nicht lieben, wenn man kein Gespür für Schönheit hat.

„Der Friede ist ein Hirsekorn, klitzeklein“

Sanftmut und Gewaltlosigkeit

Kinderfragen

es gibt viel angst mein jüngstes
die ich dir nicht nehmen kann
großmutter ist gestorben
und panzer brauchen sie für den krieg

Es gibt viel ich kann nicht
wenn du mich fragst mein jüngstes
großmutter schälte kartoffelschlangen
der friede ist ein hirsekorn klitzeklein

Die großen jungs in den panzern
fürchten sich auch und wollen lieber nicht rein
das reich gottes ist noch winziger
als du warst und wird ein baum sein

Darunter zu wohnen

Das Netz der Gewalt zerreißen

Die franziskanische Tradition hat eine Ur-Geschichte einer Gewaltunterbrechung festgehalten. Bei Gubbio in Umbrien lebte ein gewaltiger Wolf, der Tiere und Menschen verschlang. Aus Angst vor ihm trauten sich die Bewohner nicht mehr aus der Stadt. Franziskus ging dem Wolf entgegen, seine Gefährten blieben aus Angst zurück. Der Wolf stürzte zähnefletschend auf ihn zu. Der Heilige sprach ihn als „Bruder Wolf" an und machte das Zeichen des Kreuzes über ihm. Der Wolf sperrte seinen schon geöffneten Rachen zu und ließ sich zu Füßen des kleinen unbewaffneten Mannes nieder. Franz sagte zu ihm: „Du bist hier jedermanns Feind. Ich aber möchte, Wolf, mein Bruder, dass Friede sei zwischen ihnen und dir." Er schließt dann eine Art Bund, in dem die Umwohner sich verpflichten, den Wolf zu füttern, damit er niemals mehr Hunger leiden muss, und der Wolf ihm, Pfote in Hand, verspricht, niemandem, weder Mensch noch Tier, mehr Schaden zuzufügen. Dieser Vertrag wird öffentlich besiegelt, der Wolf lebt noch zwei Jahre, von den Bürgern geachtet und von den Kindern geliebt.

Ich erzähle die Geschichte nicht wegen des Wunders, sondern um den Begriff Unterbrechung der Gewalt zu klären. Er trägt zwei Elementen des biblischen Denkens Rechnung, dem Realismus und der Hoffnungsfähigkeit. Er verleugnet die Realität der Kreisläufe nicht. „Das eben ist der Fluch der bösen Tat, dass sie fortzeugend immer Böses muss gebären", heißt es bei Schiller im Wallenstein. Das Ziel des anderen Umgangs mit der Gewalt ist nicht, eine konfliktfreie Welt zu schaffen und möglichst alle Wölfe auszurotten. Doch es gibt auch die Unterbrechung ihrer Zwangsläufigkeit, die Entwaffnung, die Überraschung, die Bannung des Fluchs und die Möglichkeit, der alles beherrschenden Gewalt ein Nein entgegenzusetzen, das ihren absolut erscheinenden Zwang unterbricht.

Mir hat der Einstieg in gewaltfreie Aktionen gerade den Blick geschärft sowohl für das Netz der Gewalt, das uns in unserem Alltag gefangenhält, wie für eine zuvor ungekannte Freiheit. Das Netz für

Augenblicke zu zerreißen, den Wind der Freiheit für Augenblicke zu spüren, ist eine der wichtigsten Erfahrungen, die Menschen in der Gewaltbefreiung, der Ent-rüstung machen können. Die Freiheit definiert sich dann plötzlich neu, sie ist mehr als nur der Duft der weiten Welt, die für unseren Konsum geschaffen ist. Ihr wichtigster heutiger Name, ihr tiefstes Gebet geht um – Freiheit von der Gewalt.

Der dritte weg

Wir sehen immer nur zwei wege
sich ducken oder zurückschlagen
sich kleinkriegen lassen oder
ganz groß herauskommen
getreten werden oder treten

Jesus du bist einen anderen weg gegangen
du hast gekämpft aber nicht mit waffen
du hast gelitten aber nicht das unrecht bestätigt
du warst gegen gewalt aber nicht mit gewalt

Wir sehen immer nur zwei möglichkeiten
selber ohne luft sein oder andern die kehle zuhalten
angst haben oder angst machen
geschlagen werden oder schlagen

Du hast eine andere möglichkeit versucht
und deine freunde haben sie weiterentwickelt
sie haben sich einsperren lassen
sie haben gehungert
sie haben die spielräume des handelns vergrößert

Wir gehen immer die vorgeschriebene bahn
wir übernehmen die methoden dieser welt
verachtet werden und dann verachten
die andern und schließlich uns selber

Lasst uns die neuen wege suchen
wir brauchen mehr phantasie als ein rüstungsspezialist
und mehr gerissenheit als ein waffenhändler
und lasst uns die überraschung benutzen
und die scham die in den menschen versteckt ist

Zorn und Mut

Die christliche Hoffnung, die in der Tradition unter die übernatürlichen, d.h. uns durch Gnade eingegossenen Tugenden zählt, unterscheidet sich von der Beobachterhoffnung durch Anteilhabe, Mitwirkung, Partizipation. Sie ist Hoffnung, in der ich an der Herbeiführung eines anderen Zustands selber beteiligt bin. Die Friedenshoffnung lebt von den Friedensstiftern und nicht außerhalb von ihnen. Es ist die Partizipation am Kampf, die die Hoffnung von der betrachtenden, mal optimistischen, mal resignierenden Beobachtung unterscheidet. Anfang der 80er Jahre gab es in einer Schule in Boston eine Umfrage über die Wahrscheinlichkeit eines Atomkriegs. Alle Kinder bis auf eines meinten, das Ende der Welt sei nahe. Als man das Kind mit der abweichenden Meinung fragte, warum es nicht an den Atomkrieg glaube, sagte es: „Weil Mami und Papi dagegen arbeiten."

Hoffen können wir nur innerhalb der Widerstandsbewegung. Der Kampf ist der Lehrer, sagte Che Guevara, und ich füge hinzu: auch die Hoffnung. Nur wenn man sich selber in diesen Kampf einbringt, kann aus der Erwartung die Hoffnung werden; so lange wir noch in der Zuschauerhaltung sind und abzählen, wie viele Raketen auf beiden Seiten stehen, wieviel Leute demonstriert haben, wieviel Abgeordnete auf der Seite der Aufrüstung stehen usw., haben wir uns noch nicht mit der Hoffnung identifiziert, sind wir noch nicht bereit, das eigene Leben, die eigene Lebenskraft, Energie, Zeit und Geld dafür einzusetzen.

Wenn die Hoffnung in diesem Sinn existentiell wird, dann bringt sie auch, wie der Kirchenvater Augustinus sagte, zwei liebliche Töchter hervor, nämlich Zorn und Mut. Zorn, damit das Nichtige auch nichtig bleibe, und Mut, damit das, was sein soll, auch sein wird. Oder, in den Worten eines nordamerikanischen Indianers, der ein Medizinmann ist:

„Wenn militant sein heißt,
dass ich alle Möglichkeiten nutze,
dass ich nur jeden möglichen Schritt tue
und alle nur möglichen Aktionen,
um ein für allemal
die natürliche Lebensweise des Menschen
wieder einzuführen,
dann bitte ich meinen Vater Sonne
und meine Mutter Erde,
dass sie mir Leben und Stärke geben,
um von allen
der Militanteste zu sein."

„Unsere Waffe ist, keine zu haben"

In einem meiner New Yorker Seminare über Mystik und Widerstand kam ein Student auf mich zu und wollte Martin Luther King (1929–1968) behandeln. Ich fragte etwas verwirrt: „King, großartig, aber – ein Mystiker?" Er fragte mich, ob ich das Küchentisch-Erlebnis kenne. Ich hatte keine Ahnung und lernte auf diesem Weg etwas über „die dunkle Nacht der Seele" im Leben von King.

1956 hatte ein weißer Freund King berichtet, dass es einen seriösen Mordplan gebe. Er wusste nicht mehr aus noch ein. Erschöpft kehrte er von einem Treffen zurück und ging ausgewrungen von einem langen Tag schlafen. Wieder ging das Telefon, er nahm den Hörer auf und hörte eine hässliche Stimme sagen: „Hör zu, Nigger, wir haben dir alles genommen, was wir von dir wollen. Noch vor nächster Woche wird es dir leid tun, dass du jemals nach Montgomery gekommen bist." Martin konnte es nicht mehr ertragen. Er stand auf und wanderte im Flur auf und ab. Er fühlte zum erstenmal Todesangst. Er ging in die Küche und machte sich einen Kaffee. Dann setzte er sich an den Küchentisch und überlegte, wie er aus Montgomery herauskönnte, ohne als Feigling dazustehen. Es gab keine Alternative, er musste weg! Er dachte an seinen Vater, er war gerade siebenundzwanzig Jahre alt. Etwas in ihm sagte: „Du kannst deinen Vater jetzt nicht anrufen, er ist in Atlanta, 157 Meilen entfernt. Du musst das Etwas anrufen, dieses Wesen, von dem dein Vater dir erzählt hat, diese Kraft, die einen Weg findet, wo kein Weg ist." – „Und ich entdeckte damals", bekannte King später, „dass Religion wirklich ist und ich Gott für mich selber kennen musste." Über den Küchentisch gebeugt, fing er zu beten an:

„Herr, ich stehe für das, was ich für richtig halte. Die Leute erwarten Führung von mir, und wenn ich ohne Stärke und Mut vor ihnen stehe, dann werden sie schwanken. Ich bin am Ende meiner Kräfte. Ich habe nichts mehr übrig. Ich bin bis zu dem Punkt gekommen, wo ich es nicht mehr ertragen kann."

Später hat er selbst erzählt, was dort am Küchentisch in Montgomery mit ihm geschah.

„Es schien in diesem Augenblick, dass ich eine innere Stimme hören konnte, die sagte: Martin, steh auf für Recht! Steh auf für Gerechtigkeit! Steh auf für Wahrheit! Und siehe, ich will bei dir sein, bis zum Ende der Welt. Ich hörte die Stimme Jesu, die mir auftrug weiterzukämpfen."

Er hat dann ein Lied aus der schwarzen Kirchenfrömmigkeit gehört oder gesungen. „He promised never to leave me, never to leave me alone." In diesem Augenblick, so erzählt King später, habe er die Gegenwart des Göttlichen erfahren wie nie zuvor. „Fast plötzlich verließen mich meine Ängste. Meine Ungewissheit verschwand. Ich war bereit, allem ins Auge zu sehen." Er hatte sich entschieden, er floh nicht, er ging nicht den leichteren Weg des Mitmachens. „Freiwillig übernommenes Leiden hat eine verändernde Kraft."

Später hat King erzählt, was er damit meinte. Er ging davon aus, dass die Gesellschaft krank sei, am Rassismus, am Hass, an der Sucht, Privilegien und Vorteile für sich zu behalten. Diese Krankheiten werden nicht allein dadurch geheilt, dass wir versuchen, das Elend bekanntzumachen, dass wir hungernde Kinder in Afrika fotografieren. Die Krankheiten werden heilbar, wo Minderheiten tatsächlich aufstehen für Gerechtigkeit in den Handelsbeziehungen, wo sie sich von Misserfolgen und Lächerlichkeit, vom Zuwenig-Sein und vom Unsichtbar-gemacht-Werden nicht kleinkriegen lassen.

Als weiße Rassisten auf die Veranda von Kings Haus eine Bombe warfen, strömten aufgebrachte Schwarze in Scharen zusammen, mit Pistolen, Messern, Knüppeln und Steinen bewaffnet. Als King nach Hause kam, beschwor er die Menge, nicht mit Gewalt auf die Gewalt zu antworten. Wer Gewalt mit Gewalt, Bomben mit Bomben, Tötung mit Tötung erwidert, löst keine Probleme, sondern begibt sich auf das Niveau seiner Gegner. Er riet den aufgebrachten Leuten, ihre Gewehre nach Hause zu bringen oder sie ins Meer zu werfen. „Unsere Waffe ist, keine zu haben."

„Als ich zu der Ansicht kam, als Vertreter eines gewaltfreien Umgangs mit Menschen könnte ich keine Bewaffnung, kein Gewehr mehr besitzen, musste ich mich direkt mit dem Problem meines Sterbens auseinandersetzen. Ich tat es, und von da an brauchte ich kein Gewehr mehr, ich hatte auch nur noch selten Angst. Letztlich muss das Gefühl der eigenen Stärke von innen kommen."

King hatte Gandhi schon als Student gelesen, auch für ihn war Pazifismus keine „Methode für Feiglinge"! Randalierer nannte er reaktionär, weil sie ihren Feinden zu ähnlich seien – er selber war ein gemäßigter Radikaler, stolz darauf, „schlecht angepasst" zu sein. Er trat ein für die Strategien der direkten Aktion, aber nur nach genauer Analyse der Sachverhalte. Taten sollten erst folgen, wenn so lange wie möglich Verhandlungen mit der Gegenseite versucht worden seien. Gewaltfreiheit heißt, auf das Siegenwollen zu verzichten und die Niederlage des Gegners, was auch seine Demütigung bedeutet, zu vermeiden. Die Sache des Friedens, der Gerechtigkeit und – wie heute hinzugefügt werden muss – der Schöpfung ist immer auch die Sache der Gegner. Auch sie brauchen Luft zum Atmen. Ihre Sache ist auch unsere. Jeder Geist der Feindseligkeit ist abzulehnen. Die weißen Rassisten nannte King zum Zorn einiger Mitstreiter „unsere kranken weißen Brüder".

Ein wichtiges Element der Gewaltfreiheit ist bei King das unverdiente Leiden, das aus den Konflikten entsteht. Es geht durch Ströme von Blut, sagte King, aber wir sind entschlossen, dafür zu sorgen, dass es nicht das Blut der Gegner ist. So gibt die Methode oder der andere Stil des Lebens in Gewaltlosigkeit gerade den sozial Rechtlosen und Ohnmächtigen ein anderes Gefühl der eigenen Würde. Das war – tiefer, als King zunächst vermutet hatte – in der schwarzen Frömmigkeit verwurzelt. Einfachheit, Klarheit, Tiefe – in Jahrhunderten von Leiden gelernt. So verstand King die Bergpredigt.

Er hatte viel von dem schwarzen Theologen und Philosophen Howard Thurman (1899–1981) gelernt, der als ein Lehrer des mystischen Weges gerade für die Enterbten und Unterprivilegierten sprach. In seinen Vorlesungen über „Mystik und soziale Veränderung" schrieb

Thurman, sich auf ein berühmtes Wort des Sozialisten Eugene Debs beziehend:

„Es ist nicht nur der Sozialist, sondern auch der erklärte Mystiker oder der Mensch, der die Fülle der Vision Gottes sucht, der wahrhaft sagen muss ‚Solange es eine Unterklasse gibt, bin ich in ihr. Solange es ein kriminelles Element gibt, gehöre ich dazu. Solange noch ein Mensch im Gefängnis ist, bin ich nicht frei.' Die Unterscheidung zwischen persönlicher und sozialer Selbstlosigkeit, zwischen persönlicher und sozialer Religion, die wir gewöhnlich machen, muss für immer künstlich und unrealistisch bleiben."

Das Erbe dieser menschheitlichen mystischen Tradition des Einsseins hat King aufgenommen und in seiner bewundernswerten rhetorischen Begabung für sein Volk und zugleich für dieses Jahrhundert gültig benannt.

„Wir werden eure Fähigkeit, uns Leid zuzufügen, durch unsere Fähigkeit, Leid zu ertragen, wettmachen. Wir werden eurer physischen Kraft mit Seelenkraft begegnen. Tut uns an, was ihr wollt, wir wollen euch trotzdem lieben. Werft uns ins Gefängnis, und wir wollen euch trotzdem lieben. Bombardiert unsere Häuser und bedroht unsere Kinder, und wir wollen euch, so schwer es auch ist, trotzdem lieben. Schickt eure vermummten Gewaltverbrecher zu mitternächtlicher Stunde in unsere Gemeinden, schleppt uns hinaus in eine abgelegene Straße und lasst uns halb totgeschlagen liegen, und wir wollen euch trotzdem lieben."

Ein brief

Über die eisfläche und schwarzen wälder
fliegt die kleine zweimotorige mit sechzehn plätzen
jetzt drehen wir auf die ersten sonnenstrahlen zu
ich möchte einen brief an simone weil schreiben
meine schwester
ich möchte den morgenmond mit dir teilen
und die sonne dir rausrollen
es ist nicht wahr
dass man verhungern muss
in der liebe zu gott die widerstand heißt
iss sag ich verdammtnochmal

Sehnsucht nach Gerechtigkeit

Die Bilder des gewaltfreien Umgangs miteinander sind zu tief in den Menschen angelegt, als dass sie ganz verleugnet werden könnten. Die Sehnsucht danach, endlich das Ende der Schere zwischen Hunger bei den Vielen und Militarismus bei den Wenigen zu sehen und der Wunsch nach Frieden mit der Erde, spricht sich im Psalm 85 im Bild des Festzugs aus, in dem Gerechtigkeit vorangeht, das Land in der Mitte des Festes lebt und der Segen, das Glück ihm nachfolgt. Es ist eine Vision vom Macht- und Gewaltverzicht, der die „gerechte", d. h. den Bedürfnissen der Menschen angemessene Verteilung zur Grundlage macht, auf der Friede und dann Segen beruht. Dass Gerechtigkeit und Frieden einander „küssen", entspricht der biblischen Vorstellung vom Frieden, der nicht auf Waffengewalt und Kriegsvorbereitung beruht wie die imperiale Vorstellung der *pax romana,* sondern eben auf einer anderen, an den Armen, den Schutzlosen, den Verwaisten orientierten Ökonomie.

Wir, die wir zwischen Verdrängung der Realität und Ohnmacht hin und her schwanken, brauchen solche Visionen der Zukunft Gottes.

Kampf und kontemplation

In ihrem verlassenen bauernhof
haben die jungen leute
ein zimmer ohne möbel gelassen
einen raum zum schweigen
wenn du mal stille brauchst

Als ich bei ihnen war
sucht ich gespräche mit winzern
den bauplatz in wyhl
wo das gras wächst nach acht jahren
des widerstands

Heute nach vielen niederlagen
brauch ich das zimmer der stille
mich hinzuknien und leer zu werden
die hände angstlos zu öffnen
in gottes gewaltfreier stille

Schalom

Unter Gerechtigkeit verstehen die Propheten ein Leben der Gemeinschaft im Recht. Diejenigen, die die Häuser gebaut haben, werden auch in ihnen wohnen; die die Weinberge gepflanzt haben, werden den Wein auch trinken. Das kommende Friedensreich wird im Zusammenhang von Gerechtigkeit und Recht gedacht. Gott „wird Recht sprechen zwischen vielen Völkern und Weisung geben starken Nationen bis in die Ferne; und sie werden ihre Schwerter zu Pflugscharen schmieden und ihre Spieße zu Rebmessern. Kein Volk wird wider das andere das Schwert erheben, und sie werden den Krieg nicht mehr lernen. Sie werden ein jeder unter seinem Weinstock und unter seinem Feigenbaum sitzen, ohne dass einer sie aufschreckt" (Micha 4, 3 f.). Das sind biblische Vorstellungen von dem, was wirklich Frieden in Gerechtigkeit ist. Schalom ist nicht ein Abstraktum, und es gibt in der hebräischen Bibel keine Beispiele, wo Schalom die seelische Haltung des inneren Friedens bezeichnet. Auch wird der Begriff meist auf eine Gemeinschaft, selten auf ein Individuum bezogen. Schalom ist eine Vorstellung vom guten Leben, das Menschen leben können und nach dem sie dann alt und lebenssatt sterben können, weil ihre Tage gezählt sind und sie nicht vorzeitig zugrunde gehen an Krieg und Ungerechtigkeit.

Grundlage des Friedens ist die Gerechtigkeit. „Gnade und Treue begegnen einander, Gerechtigkeit und Friede küssen sich" (Psalm 85, 11). Das Ziel ist der Zustand, in dem Gott die Kriegswagen zerstört und der Aggression ein Ende gemacht hat. Ohne soziale Gerechtigkeit, ohne Recht kein Frieden. Der Maßstab ist nach Aussage der Propheten das Recht der Rechtlosen, etwa der Witwen und Waisen, die keinen männlichen Fürsprecher haben. Die unterste Klasse wird zum Maßstab des Wohlergehens aller gemacht: Die am meisten entrechtet sind, am wenigsten zu sagen haben, die nicht nur kein Geld haben, sondern auch keine Fürsprecher, keine Beziehungen, die noch nicht einmal mit den Behörden umgehen können, weil sie nicht wissen, worauf sie Anspruch haben – *sie* sind der Maßstab, an dem gemessen wird, was eigentlich Gerechtigkeit ist. Die Ausgegrenzten, die Randsiedler, die an der untersten Sprosse der Leiter einer Gesellschaft stehen, werden „erhöht“, die Hohen „erniedrigt“, damit eine „ebene Bahn für Gott“ entsteht (Jesaja 40,3f.). Außenpolitik und Innenpolitik werden hier nicht getrennt, als ob man sich außenpolitisch unterwerfend, imperialistisch, aufrüstend verhalten und zugleich innenpolitisch Ruhe und Ordnung erhalten könne! Gerechtigkeit und Frieden gehören so zusammen, wie Aufrüstung und Krieg zusammengehören. Nur zusammen mit der Gerechtigkeit entsteht Frieden im vollen Sinn des Wortes Schalom. Biblisch gedacht ist es daher falsch, zu behaupten, die Atombomben hätten uns vierzig Jahre lang den Frieden garantiert, insofern als sie in derselben Zeit den Menschen der Zweidrittelwelt das Verhungern garantiert haben. Ein auf Abschreckung und Gewalt, Terror, Elend und Drohung beruhender Frieden ist antibiblisch, weil er Rüstung, nicht Gerechtigkeit zur Grundlage des Friedens macht.

Die verbreitung des windes

Warum fragte ein mönch den meister des zen
benutzt du einen fächer zur kühlung
da doch die wind-natur
dauernd und allgegenwärtig ist
so dass es auf der ganzen welt
keinen ort gibt der nicht
vom wind erfüllt wäre

Warum frage ich die freunde des friedens
müssen wir auf so viele konferenzen
da doch die frieden-natur dieser erde
dauernd und allgegenwärtig ist
so dass es auf der ganzen welt
(und ich schließe die hardthöhe bei bonn ein)
keinen ort gibt der nicht
vom frieden erfüllt wäre
und von ihm lebte

Was ist die wahre bedeutung
fragte der mönch den meister
der fortfuhr schweigend zu fächeln
der weltweiten verbreitung des windes

Und was ist die wahre bedeutung
frage ich zornige alternde frau
der weltweiten unausrottbaren
liebe zum frieden

Womit ich aber
nur das geringe ohnmächtige wissen des mönches teile
und die schweigende antwort des meisters
zur wahren bedeutung der allgemeinen verbreitung des windes
noch nicht erreicht habe
weil ich den frieden suche
statt mich an ihm zu beteiligen
weil ich nach ihm frage
statt ihn zu verbreiten
weil ich philosophiere
statt zu fächeln

„Der helle Morgenstern geht auf in meiner Seele“

Freude und Glück

Der vorgang des sicherinnerns

Einmal in diesem sommer
hat der kuckuck so lange geschrien
ich suche in meinem gedächtnis
wann es war und warum
eine wilde freude über mich kam
einmal in diesem sommer

Ich seh den hang mit dem nicht mehr gemähten gras
die großen kinder stehn an eine bank gelehnt
heuschnupfen kommt mir in die nase
die wolken tauchen wieder auf
einmal in diesem sommer
hat der kuckuck so lange geschrien

Die wilde freude beim zählen
als wär er nicht auszurotten
und zu vertreiben
einmal in diesem sommer
der der vorbereitung auf den dritten weltkrieg dient
hat der kuckuck so lange geschrien

Die Freude wachsen lassen

In der jüdischen Tradition wird Freude als die natürlichste Reaktion auf die Tatsache unseres Geschaffenseins verstanden, Traurigkeit gilt als Ablehnung der Gabe des Lebens und ist deswegen Sünde. Freude in diesem metaphysischen Sinn ist unabhängig von besonderen Anlässen oder Geschenken, sie ist einfach Lebensfreude, Dankbarkeit für die Gabe des Lebens. Aber in der säkularisierten Kultur hat der Ausdruck „Gabe des Lebens" für die meisten Menschen seinen Sinn verloren; wo der Geber verschwunden ist, kann man das Leben auch nicht als Gabe betrachten, statt dessen wird es als beiläufiges Nebenprodukt, als ein biologischer Zufall verstanden oder als eine Tatsache, die weder erklärt werden kann noch erklärt werden muss. Die Menschen wachsen in diesem kulturellen Klima ohne jede Erziehung zur Freude auf. Muss in einer religionslosen Welt die tiefe und grundlose Lebensfreude sterben? Macht es im Hinblick auf unsere Fähigkeit zur Freude einen Unterschied, ob wir in einer Welt leben, die wir für das Produkt des Menschen halten, oder in einer Welt, von der wir glauben, dass Gott sie geschaffen hat? Ich weiß darauf keine Antwort, aber ich beobachte einen bemerkenswerten Mangel an Freude in der säkularisierten und industrialisierten Kultur. Gleichzeitig lehrt mich aber die eigene Frömmigkeitserfahrung, dass die Rückbesinnung auf die Schöpfung und unser Geschaffensein in einer Gemeinschaft von Menschen, die für die gleichen Ziele kämpfen, mein eigenes Bewusstsein für Freude wachsen lässt; ich empfinde, wie sehr ich sie brauche, wie stark ich mich nach ihr sehne. Eine Spiritualität der Schöpfung erinnert uns daran, dass wir zur Freude geboren sind.

Den Staub aus der Seele vertreiben

Freude im mystischen Sinn ist Freude ohne Bindung an Gegenstände oder bestimmte Lusterfahrungen. Es ist eher „Freude in“ als „Freude an“. Der sich in Gott verlierende Mensch verliert die totale Abhängigkeit von körperlichem Wohlbefinden und tauscht sie ein gegen eine Interdependenz von dem, was „im Herzen“, und dem, was „in der Zeit des Kummers“ geschieht. Es wird nicht Geduld oder Ergebenheit in das Leiden gelehrt, sondern eine aktive, selbstbestimmte Annahme der Realität, die das In-Gott-verloren-Sein nicht zerstören kann.

Der Zusammenhang von radikaler Aufmerksamkeit, Gebet und Freude durchzieht das jüdisch-mystische Denken in verschiedenen Epochen, aber nirgends so heiter, alltagsbezogen und klar wie im Chassidismus. Melancholie ist der Staub in der Seele, den der Satan ausstreut. Sorge und Trübsal gelten als Wurzeln aller bösen Mächte. „Schwermut ist eine böse Eigenschaft und Gott missfällig.“ (Buber) Freude dagegen ist ein so großes Gut, dass sich die Chassidim die seltsamsten Geschichten über sie erzählen:

Der Seher von Lublin kannte einen großen Sünder, mit dem er sich immer wieder gern und lang unterhielt. Als die Leute der Gemeinde daran Anstoß nahmen und vorzubringen wagten: „Rabbi, wie duldet Ihr solch einen Menschen in Eurer Gegenwart?“ bekamen sie zur Antwort: „Ich weiß, was ihr wisst. Aber was kann ich tun? Ich liebe die Freude und hasse die Trübsal. Und dieser Mann ist ein so großer Sünder; sogar unmittelbar nach der sündigen Handlung, wo doch sonst alle, und sei es auch nur ein Weilchen, zu bereuen pflegen, sei es auch nur, um sich alsbald wieder ihrer Torheit zu ergeben, widersteht er der Schwermut und bereut nicht. Und die Freude zieht mich an.“

Offenbar ist diese Freude „das von Gott“ in dem sonst von Gott und Gemeinde getrennten reuelosen Sünder!

Glück und Schmerz

Ich zögere, das Wort Glück in einem naiven Sinn zu gebrauchen. Vor vielen Jahren habe ich einmal einen Film mit dem Titel „Glück inkl. Schmerz“ gemacht, weil ich das Wort „Glück“ so nackt, so dumm, so happyhaft nicht wollte. Die großen Glückserfahrungen hängen in irgendeiner Weise mit dem Schmerz zusammen, sie bringen uns übrigens ja auch oft zu Tränen. Da wird eine Tiefe erreicht, in welcher der Unterschied zwischen Glück und Schmerz zumindest mystisch relativiert wird; ich will nicht sagen, dass er aufgehoben wird, das wäre zuviel gesagt. Unversöhntheit ist das Sich-Reiben am Leben. Manchmal nenne ich das auch den „Gotteshunger“, den man den Menschen nicht ausreden kann.

Ich hätte dir gern die magnolien am broadway gezeigt

Ich hätte dir gern die magnolien am broadway gezeigt
und wär mit dir zu dem alten juwelier an der 123sten gegangen
der mein armband reparieren will aus sympathie
spreche ich nicht deutsch
im central park sind selbst tulpen liebenswürdig

Was schön ist lebt schnell hier
vielleicht haben wir nicht mal zeit
für den kurzen new yorker frühling
wenn wir den flüchtlingen zuhören
die ihre geschichten loswerden müssen
und ihre angst nicht loswerden

Die studenten haben mir ein kreuz geschenkt
einer der in chile ermordet worden ist
hat es getragen
jetzt ist es für eine weile
bei mir

Ich hätte dir gern die magnolien blühen gezeigt
mitten auf der fahrbahn
und wär mit dir zu freunden gegangen
die mit den flüchtlingen leben für eine weile

Ich glaub immer weniger an das glück
das zweien ganz für sich gehört
und immer mehr an das kurze geteilte
in das die geschichten fallen aus kellern und lagern
die magnolienblüten auf die fahrbahn

Geteiltes Brot
(mit Luise Schottroff)

Ein Herzstück der Evangelien sind die vielen Erzählungen davon, dass Jesus mit wenig Brot und Fisch Tausende sattgemacht habe. Sie sind nicht als historische Fakten zu lesen, sondern als visionäre Erzählungen aus der in der Tat realistischen Glückserfahrung heraus, die den Menschen um Jesus zuteil wurde.

5000 Menschen werden von fünf Broten und zwei Fischen satt, und es gibt noch Reste. Die Parallelüberlieferung im Matthäusevangelium sagt, es seien 5000 Männer gewesen, „ohne Frauen und Kinder". Also sollen es 10 000 oder 15 000 Menschen gewesen sein? Alle Evangelien erzählen diese Brotwunder, zwei Evangelien erzählen sogar zwei Brotwunder, einmal mit 5000, danach mit 4000 Menschen. Diese Geschichten können nicht als Protokolle mit zuverlässigen Zahlen gelesen werden. Die hohen Zahlen sollen ausdrücken, dass in Jesu Nähe die Fülle des Gottesreiches erfahrbar war. In diesen phantastischen Erzählungen spiegeln sich Erfahrungen. Wenn eine Bevölkerung, die sich mehrheitlich mit Verschuldung und Kampf ums Überleben quält, sich solche Geschichten erzählt, macht sie Mut, Gemeinschaften des Teilens aufzubauen. Je phantastischer die Zahlen der Erinnerung an die Reich-Gottes-Erfahrung in Jesu Nähe werden, um so deutlicher wird das Ziel eigenen Handelns: Auch wir können teilen und das Glück des Reichtums in Gemeinschaft erfahren.

An die freude

Das licht fiel in breiten streifen
auf das holzgetäfel im essraum
was werden wir lernen
wer wird uns prüfen
eine stochert in ihrer suppe
wen könnten wir wählen
wie könnten wir verhindern
wir machen uns sorgen wie die heiden

Ich weiß bis heute nicht warum
ein faden vom unnennbaren licht
an diesem mittag mich traf
eine freude ohne grund
ein schöner funke
sind wir nicht zusammen
sechs oder sieben in seinem namen
die augen gingen mir über

Alle sahen dass ich weinte
oh freunde nicht diese töne
die melodie der herren
ist nicht die nach der wir tanzen
die melodie der welt ist hörbar
und licht fällt in breiten streifen
auf warmes rotes holz

Vom Leben getragen

Weil Christus alles gehört, der Himmel, die Seligkeit, das Reich, das er ansagt und darstellt, darum braucht er sich nicht festzuhalten. Das Leben, das er selber ist, ist nicht abgeschlossen und abgetrennt von dem großen Leben, das er Gott nennt. Er fühlt sich von dem großen Leben so durchdrungen und getragen, so sehr angenommen und geliebt, dass „Glück" für ihn nicht etwas ist, das man erst herstellen oder besorgen müsste. Das Glück ist ihm immer schon voraus, es ist die Gewissheit seiner Wahrheit. Es befähigt ihn dazu, „ich" zu sagen, und es hat seine Phantasie für andere befreit. Das Glück hat das Ich von den vorgegebenen Grenzen befreit, es hat die Gefängnisse zerstört, die das Ich einschränkten und seine Energien feststellten. Freigeworden, stürzen sie sich nun in das Abenteuer des neuen Lebens – in die Phantasie, die Befreiung produziert und Glück erfindet für andere. Es besteht ein Sachzusammenhang zwischen dem Glück, dem Ich und seiner Phantasie, ein Zusammenhang, der an Jesu Leben deutlich wird, aber für alle Menschen gilt. Wenn man diesen Zusammenhang mit den älteren theologischen Wörtern beschreibt, so ist es der von Gnade, Rechtfertigung des Sünders und Heiligung der Welt. In der Gnade, die so erscheint, dass einem Menschen sein Leben glückt, konstituiert sich ein anderes Ich, das den eigenen Ängsten entnommen ist, das befreit oder erlöst ist.

Ein Lied voller Jubel

Maria macht sich auf, gleich, nachdem sie die Verkündigung des Engels gehört hat, um die im Bergland bei Jerusalem lebende Elisabet zu besuchen. Warum sie diese Fußwanderung unternimmt, wird nicht erzählt, ist aber leicht zu erraten. An wen sollte sie sich wenden in ihrer Situation der unverhofften Schwangerschaft? Die ältere Frau in der gleichen Situation, nicht so nah wie eine Mutter und doch in einer inneren Nähe lebend, ist die Freundin, die Maria jetzt braucht. Sie wandert übers Gebirge, etwa eine Tagesreise lang, um Elisabet zu sehen. Sie ist im Anfang ihrer Schwangerschaft, und Elisabet ist im sechsten Monat.

Beide Frauen haben Anteil am Geheimnis der Entstehung neuen Lebens und genug Grund, sich aneinander festzuhalten und miteinander zu freuen. Ohne Worte geschieht die tiefste Verständigung. Als Maria unerwartet eintritt und die Elisabet begrüßt, bewegt sich das Kind im Leib der Elisabet, und sie spürt Gottes Geist. Sie ist „erfüllt" vom Geist, nicht leer und vereinsamt wie in den bitteren Jahrzehnten des Wartens. Elisabet sieht unmittelbar, dass Maria schwanger ist, ihr eigenes Kind teilt ihr sein Wissen mit. Es ist eine Begegnung voller Jubel und Freude, alles Schüchterne und Ängstliche, das beide Frauen gehabt haben mögen, ist verschwunden. Beide Frauen haben Gott erfahren, nicht durch Priester oder Kult vermittelt, nicht im Rahmen der institutionellen Gebräuche, sondern in ihrem beseelten Leib, ihren „bodyselves". Beide tun das, was uns oft so entfernt scheint und doch notwendig ist: Sie glauben mit allen ihren Sinnen. Elisabet hört den Klang der Stimme Marias, spürt das sich bewegende Kind in ihrem Leib, ruft laut und segnet das Kind des Lebens.

Ich erinnere mich, wie ich diese Geschichte von den beiden schwangeren Frauen meinen beiden ersten Kindern erzählt habe. Ich war schwanger, und sie warteten, ihre Händchen an meinen Leib legend, auf die Bewegungen des Neuen. Sie brachen in laute Jubelrufe aus und wunderten sich, wie das kleine kickende Füßchen wohl aussähe. Die Geschichte der beiden Frauen und ihrer „noch versteckten Kinder", wie meine das nannten, hat eine Lebensnähe und Wärme, die mich wundern macht, ob sie wirklich, wie alle biblischen Geschichten, von männlichen Erzählern stammt und ob nicht, zumindest in der vorangehenden mündlichen Überlieferung der ersten christlichen Gemeinden, Frauen am Weitergeben dieser Geschichte beteiligt waren.

Ihren theologischen Ausdruck findet diese gemeinsame Freude zweier Frauen dann in einem in der Liturgie christlicher Kirchen immer wieder auftauchenden Text, dem Magnificat: „Hochpreist meine Seele den Herrn ..." (Lk 1,46). Das Glück und der Segen der Elisabet hat der Maria die Zunge gelöst, erst in der schwesterlichen Begegnung wird sie sprachfähig und singt das Befreiungslied, das eines der schönsten Stücke des Neuen Testaments ist. Es besteht aus Versen der hebräischen Tradition und ist ein Grundtext aller befreienden Theologie geworden. Es ist ein revolutionäres Lied wie das ursprüngliche der Hanna, es handelt von der Umkehrung der ungerechten Verhältnisse, vom Ende des Hungers der Mehrheit der Menschen, von der Gerechtigkeit für alle. Es setzt ganz im Geist der Bergpredigt Barmherzigkeit gegen Ausbeutung und Freiheit gegen Gewaltherrschaft. Maria singt dieses Lied, aber ohne Elisabet hätte sie keinen Ort und keine Stimme zum Singen.

Die tiefste Glückserfahrung

Ich möchte versuchen zu definieren, dass Glück die Gewissheit ist, gebraucht zu werden und ein Bedürfnis für andere zu sein, während das Gesetz, unter dem wir leben, uns einredet, dass wir Bedürfnisse haben. „Haben"-Bedürfnisse, die werden uns in die Köpfe gewaschen. Alle wirklichen Bedürfnisse, anders zu sein, ein anderer Mensch zu werden – was die Bibel einmal nennt: Schaffe in mir, Gott, ein anderes Herz, gib mir einen neuen Geist, der Wunsch anders zu sein, anders zu lieben, anders zu arbeiten, anders mit meinen Mitmenschen umzugehen – diese tiefen Wünsche, die in uns allen stecken, werden ummanipuliert von der Welt, in der wir leben, und werden auf „Haben"-Bedürfnisse und Wünsche übertragen, so dass, wenn ich mir die und die Dinge kaufe oder die und die Figur verschaffe, käuflich oder durch Training, ich schon geliebt werde und schön und glücklich sein werde usw.

Ich meine, diese Zerstörung unserer ursprünglichen Bedürfnisse, die alle mit unserem Sein und nicht mit unserem Haben zu tun haben, das ist eine Form, in der das Gesetz in unser intimes Bewusstsein hineinregiert, in unsere Liebesfähigkeit und sie kaputtmacht. Es ist ja kein Zufall, dass das, was wir so das psychische Elend nennen, und das Scheitern von Beziehungen und das immer wieder neue Scheitern von Beziehungen in unserer Welt geschieht, in einem Ausmaß, das erschreckend ist. Das hängt damit zusammen, dass wir alle darauf getrimmt sind, unsere Beziehungen als solche zu verstehen, die durch Haben bestimmt sind, als ob durch mehr Dinge, mehr käufliche Sachen, mehr Erfolge, wir selber anders würden – während in Wirklichkeit, jedenfalls nach dem Verständnis der Bibel, das Glück eigentlich etwas völlig anderes ist. Glück ist die Erfahrung, gebraucht zu werden; die tiefste Glückserfahrung, die wir kennen, ist die, dass Gott uns braucht für sein Reich.

Diese Fähigkeit, Glück anders zu erleben, schließt ein, dass wir etwas tun, was die Liebe immer tut mit uns, sie macht uns verwundbar. Es gibt keine Liebe, die auf das Ideal der Unverwundbarkeit festgelegt wäre. Dieses Ideal der Unverwundbarkeit, des glatten Durchkommens, des Sich-keine-Schwierigkeiten-Machens ist sicher eins der falschen Ideale, die uns immerzu begleiten.

Das Glück des anderen

Vielleicht ist Freudlosigkeit, Genussunfähigkeit ein Element des Neides in der Tradition. Thomas von Aquin setzte den Neid in Beziehung zur Traurigkeit, zur tristitia. Neid ist bei ihm ein Vergehen gegen die Liebe, nicht gegen die Gerechtigkeit. Er wird definiert als eine Traurigkeit über das Gut des Nächsten, von dem man annimmt, es schlage zu eigenem Übel aus und beziehe sich auf die Schmälerung des eigenen Gutes. Diese Definition ist interessant. Thomas setzt voraus, dass das Gut des Nächsten dem Menschen Freude oder Trauer bringen kann. Ich kann mit Neid oder mit Freude darauf reagieren, dass der andere im Besitz von Gütern oder Fähigkeiten ist, die mir abgehen. Ich kann das Mehr des andern als eine Bedrohung, als eine Schmälerung meines Wesens ansehen, und ich kann im Reichtum des anderen mich freuen, mich stärker fühlen. Das Glück des anderen kann mich glücklich machen oder mich begrenzen, beschämen und in diesem Sinne betrüben. Neid ist daher der Liebe entgegengesetzt. Die Liebe freut sich über das Gut des Nächsten, der Neid aber betrübt sich über dasselbe, wird davon belastet. Insofern der Neid gegen die Liebe gerichtet ist, ist er ein Laster, eine Todsünde.

Was wir von Thomas lernen können, ist, wie traurig es um einen Menschen bestellt ist, für den das Glück des Nächsten nicht Anlass zum Glück, zur Mitfreude ist, sondern Anlass zur Depressivität. Der andere Mensch wird da nicht als Reichtum erfahren, sondern als Bedrohung. Ein interesseloses Wohlgefallen, eine Art unschuldiger Freude am andern, der etwas hat, was ich nicht habe, kann, was ich nicht vermag, wird dann unmöglich. Die Betrübnis isoliert, oder muss man sagen: Die Isolation macht traurig? Wichtig ist auf jeden Fall, das Unfrohe, das Verquälte im Neid festzustellen. Der Neid wurmt, wie die Sprache treffend sagt.

Wenn ich mein eigenes Gewissen erforsche und überlege, wo und an welchen Stellen ich neidisch werde, so fällt mir als erstes das Verhältnis der Älteren, zu denen ich gehöre, zu den Jüngeren ein. Wieviel besser haben sie es doch, als ich es hatte! Sie kennen keinen Hunger, sie kennen keine Entbehrung, sie sind nicht denselben Unterdrückungsmaßnahmen unterworfen, mit denen ich noch zu kämpfen hatte. Sexueller Neid auf Menschen, die es so viel einfacher haben, spielt sicher eine zentrale Rolle. Neid auf die Faulenzer, die nicht so hart arbeiten müssen, Neid auf ihre Ferien- und Freizeit-Kultur, die so viel mehr Möglichkeiten hat. In diesem meinem Neid ist Traurigkeit verborgen, Angst davor, zu kurz gekommen zu sein, Missgunst und gelegentlich, wenn den Jugendlichen etwas nicht gut gelingt, sogar Schadenfreude. Wie kann ich lernen, diesen für meine Generation typischen Neid fahrenzulassen? Der erste Schritt dazu ist Bewusstmachung. Neid ist etwas so Hässliches, dass wir uns schwer damit tun, ihn in uns selber wahrzunehmen und zuzugeben. Es ist leichter, wenn ich ihn mir selber verhehle. Je bewusster ich mit meinen eigenen Gefühlen umgehe, je mehr ich in Kontakt mit mir selber bin und mir Rechenschaft gebe, desto aufmerksamer werde ich auch den andern gegenüber sein; statt sie blind zu beneiden, lerne ich ihre Probleme und Schwierigkeiten kennen und korrigiere mein dummes Vorurteil, das mir sagt: „Die haben's ja so gut."

Es gibt aber noch eine andere Richtung meiner Selbsterziehung gegen den Neid. Das hängt mit dem Versuch zusammen, von der Betrübnis über das Glück eines anderen zur Mitfreude zu kommen. Natürlicherweise neige ich dazu, meine Traurigkeit ernst zu nehmen und hochzuschätzen. Es geht mir heute nicht gut, sage ich, und es bedeutet sehr oft, dass ich mich weigere, meine Traurigkeit zu bearbeiten. Ich erfahre dann nicht, dass mein Schmerz oder meine oft unbestimmte Traurigkeit auf dem hässlichen Unglück am Glück des andern beruht und im Lebensneid wurzelt. Wenn ich bei der Kritik an meiner eigenen Traurigkeit ansetze, so lerne ich zu verstehen, dass Neid ein theologisches Problem ist, eine Sünde, die mich von dem großen Leben, das wir Gott nennen, abtrennt, vereinzelt und zerstört. Dann entdecke ich, dass meine Traurigkeit nichts Tieferes oder ganz Besonderes ist, und wünsche mich heraus aus dem Gefängnis. Diesen Vorgang, den ich soeben mit den Wörtern „entdecken" und „wünschen" beschrieben habe, kann man auch einfach „beten" nennen. Ich versuche dann wieder einmal das Gespräch, den Großen Dialog. Etwa so:

Mach mich frei von der Traurigkeit, die mich gefangenhält.
Gib mir die Freude am andern Leben zurück.
Lass mich das loben, was jünger und schöner, reicher und stärker ist.
Feuer der Liebe, du kannst den Neid in mir wegschmelzen.
Wind des Geistes, du kannst mich hören machen.
Sonne der Gerechtigkeit, leuchte über uns.

Tanzen und Springen

Eine französische Marienlegende erzählt von einem Gaukler, der sein unstetes Leben aufgibt und ins Kloster geht. Aber das Leben der Mönche bleibt ihm fremd, er weiß weder ein Gebet zu sprechen noch zu singen. Er klagt sein Leid der Jungfrau Maria, und sie fordert ihn auf, Gott mit dem zu dienen, was er könne: Tanzen und Springen! Von da an verpasst er alle Chorgebete, um in dieser Zeit zu tanzen. Er wird zum Abt gerufen und glaubt, verwiesen zu werden, aber der Abt sagt nur: „In deinem Tanz hast du Gott mit Leib und Seele geehrt. Uns aber möge er alle wohlfeilen Worte verzeihen, die über die Lippen kommen, ohne dass unser Herz sie sendet."

Die Geschichte spiegelt ein großes mystisches Thema, die Leiblichkeit, in der sich das Einswerden ausdrückt, und zugleich die Konflikte, in die gerade die auf Wort und Schrift gegründeten Religionen mit solcher grenzüberschreitenden Erfahrung immer wieder geraten sind. Lachen, Singen und Tanzen spielen in der Mystik der verschiedensten Religionen eine Rolle. „Ein Mensch in Gott", so dichtet Rumi, „ist trunken ohne Wein und satt auch ohne Fleisch. Ein Mensch in Gott ist entzückt und voll Staunen, er braucht weder Nahrung noch Schlaf."

Rumi soll die Geburt seines Sohnes mit einem siebentägigen Tanz begrüßt haben; dieser Sohn Alim hat später die Tanzrituale des Ordens der „Tanzenden Derwische" geregelt. Bei Rumis Beerdigung dauerte der ekstatische Tanz einer großen Menschenmenge Stunde um Stunde, und auf seinem Sarg stehen die berühmten Verse:

Komm zu meinem Grab nicht ohne Trommel
Denn bei Gottes Fest ziemt sich kein Kummer
ich bin Rausch, der Liebeswein mein Ursprung.

Tanzen ist ein Ausdruck der innerlich empfundenen überwältigenden Freude, die sich körperlich zeigen nicht nur will, sondern „muss", wie es in vielen Zeugnissen heißt.

Soll ich sehr springen
musst du selber vorsingen,

liest man bei Mechthild von Magdeburg zu dem Vortänzer Christus gesprochen. „Lobtanzen" nennt sie das, was die Seele in Erwartung des Bräutigams tut. Meister Eckhart spricht davon, dass Gott selber „erfreuet, ja durchfreuet" werde, „denn dann bleibt nichts in seinem Grunde, das nicht ‚durchkützelt' wird von Freude".

Unter den vielen verschiedenen Gründen, die orthodoxe Hierarchien gegen mystische Erfahrung und Lebensweise geltend machten, spielt das Tanzen eine besonderes verdächtige Rolle. Für außenstehende Beobachter, etwa die (männlichen) Biographen mystisch begabter Frauen, war die spirituelle Freiheit der außer Kontrolle geratenen Nonnen oder Beginen immer wieder ein Grund zum Erschrecken, manchmal zum Abscheu. Der körperlich sichtbare Ausdruck von Freude – in lautem Gelächter, Händeklatschen, gewagten

Sprüngen und Tänzen – blieb ihnen fremd. Vor den enthusiastischen Zuständen, in denen Frauen „lachten und fröhlich wurden von göttlicher Minne, dass sie recht taten, als ob sie ihren Sinn verloren hätten, und sprangen und sangen", bekamen sie Angst.

Es ist kein Zufall, dass die Wiederentdeckung der Mystikerinnen Hildegard und Mechthild in den letzten zwanzig Jahren der Frauenbewegung einhergeht mit einer bewussteren Beziehung auf die Leiblichkeit. Das Wort allein vermag den Jubel, die Kraft einer Freude ohne Begründungen, nicht auszudrücken. Der Traum vom Paradies schlägt sich im Jetzt der Körpersprache nieder. So lässt sich eine neue Lust am rituellen oder auch spontanen Tanz an vielen Stellen der Frauenbewegung beobachten. Das Jetzt des Gelingens will gefeiert und getanzt werden, der nur verbale Zuspruch allein genügt gerade den bewusst gewordenen Frauen nicht mehr.

Eine andere Grenze, die dabei ganz deutlich überschritten wird, ist die der Einteilung in Professionalität und Laientum. Die Mystik der Freude kann diese Rollenzuweisung nicht dulden, sie verlangt den Selbstausdruck aller.

Die Freude will uns bewohnen, nicht nur besuchen.

Wie sehr loben ihn die kinder

Wie sehr loben ihn die kinder
die in den tag hineinfliegen
hundert arme buddhas ausgebreitet
die reißverschlüsse noch offen
entziffern sie
das telegramm der engel
den ersten schnee

„Nicht wir geben dem Leben Sinn, das Leben gibt uns Sinn“

Suchen und Gefundenwerden

Die himmelsleiter im central parc

Auf der parkbank zwei jungen der ältere spricht
es ist ihm wichtig er beugt sich nach vorn
er bewegt den rechten arm
ich kann an seinem körper sehen
er will den andern gewinnen
der kleine schaut in die büsche
sein kinderblick streift mich
mit dem großen im park zu sein
macht ihn stolz

Gott suchen bedeutet nach einem rabbinischen spruch
auf einer leiter zu sein
und die nächst höhere sprosse zu sehen
die leiter verbindet
lernen und lehren
es ist eine art zu atmen
ohne die wir nicht sein können
jeder ein lehrer
jeder ein lerner
leben wir auf der leiter

Engel

Ein Engel, der Gott sichtbar macht, verbindet mich mit der Kraft, der guten Macht des Lebens. Eine solche Botin kommt natürlich nicht, um uns den Sinn des Lebens zu erklären; das anzunehmen wäre eine rationalistische Dummheit. Wohl aber kommt sie, um den Sinn des Lebens zu schützen, dass er nicht zerstört wird in der Trivialisierung, die wir dem Leben so gekonnt antun. Es ist ja nicht so, als müssten wir dem Leben Sinn geben oder als produzierten wir die Erfüllung. Das Leben gibt uns vielmehr Sinn, wenn wir es nicht ständig einsperren und zubetonieren durch allzu viele Dinge, wie es der reiche Mann in der Hölle tut. Der Sinn ist wie die Sonne, um ein biblisches Bild zu gebrauchen, schon vor uns da. Wir können sie daran hindern, zu uns zu kommen, aber wir können sie nicht daran hindern zu scheinen. Wir können uns so einmauern, dass die Stimmen der Boten nicht zu uns dringen, dass sie wie so viele Christen der Dritten Welt, die nach Europa kommen, an unserer Kälte abprallen. Wir sind sehr stark in unserer Leere, unserer Fähigkeit, uns abzuschirmen. Wenn wir dagegen unser Herz öffnen, so bricht das Wissen: Auch ich bin ein Teil des guten Ganzen, auch ich werde gebraucht, hervor. Die Gottesgewissheit in uns wächst dann nicht als eine Gewissheit autoritärer Macht, die letzten Endes doch recht behält, wohl aber als Gewissheit der subversiven Macht der Gerechtigkeit.

Der sakrale Raum

In Rio arbeitete eine Gruppe von Christen mit Straßenkindern, von denen es in Brasilien fünfundzwanzig Millionen gibt. Jeden Tag fanden sich die Jungen von der Straße an einem Platz zusammen, um zu schwatzen, ihre Probleme zu besprechen, Ängste und Wut miteinander zu teilen. Viele kamen regelmäßig. Die Kirchenleute waren ein katholischer Priester, ein Methodist, ein Priester des Umbandakultes, ein Presbyterianer und ein junger lutherischer Pfarrer.

Eines Tages sagte einer der Jungen:

„Ich möchte gern getauft werden."

„In welcher Kirche denn?" fragte der Katholik.

„Welcher Kirche? Ja, natürlich in unserer hier."

„In welches Kirchengebäude möchtest du denn gehen?"

„Gebäude? Nein, in unsere Kirche, hier auf der Straße. Ich will hier getauft werden, bei uns."

Der Methodist sagte, eine solche Bescheinigung könne er nicht ausstellen. Der Katholik meinte, mit dem Mann von der Umbandareligion zusammen ginge das nicht. Der Junge blieb bei seinem Wunsch. Schließlich organisierte der Vikar, was gebraucht wurde: Er legte ein Brett über zwei Kisten, füllte einen alten Stiefel mit Wasser für die Blumen, die die Kinder besorgten, der Katholik brachte eine Kerze mit. Die Taufe fand auf der Straße statt, im Namen Jesu Christi.

Gefundenwerden

Gott wird nicht gefunden wie ein kostbarer Stein oder die blaue Blume, sondern Gott ereignet sich. Gott geschieht. *God happens.* An diesem Dienstagnachmittag passierte Gott mit mir – das ist ein sinnvoller Satz, ein Versuch, die Erfahrung, die Begegnung, die uns in Beziehung setzt, zu benennen. Das Suchen wird dann nachträglich oft als Irrweg verstanden. Gerade der Alltag, gerade die realen unscheinbaren Beziehungen waren uns allzu grau. Was in der Gottesbegegnung geschieht, ist nicht, dass das Suchen durch Finden beendet wird, sondern durch Gefundenwerden. Gott stand schon immer hinter mir, auch als ich in die andere Richtung raste.

Eine theologische Konsequenz aus diesem Ansatz vom begegnenden Gott ist die Sprachform, in der wir Gott mitteilen können. Sie kann nur in zweiter Linie der Lehrsatz, das Gewusste, das Dogma sein. Religiöse Sprache zerstört sich selber, wenn sie im Ich-Es-Verhältnis über Gott redet. Die mögliche Gottessprache ist das Gebet oder die Erzählung. In den Erzählungen des Neuen Testaments erscheint Gott, ereignet sich Gott. Wenn wir Gottesgeschichten erzählen und die narrative Methode bemühen, so erzählen wir, was Gott tut oder wie er sich verbirgt, wie Gott handelt. Und im Gebet bitten wir Gott, all das Erzählwürdige zu tun, zu erscheinen, die gute Macht zu beweisen, uns zu verändern. In diesen beiden Sprachformen sprechen wir von Gott eher als einem Ereignis als einer Substanz. Wir reden aus und zu Gott, statt „über" ihn.

Mir scheint die oft gestellte Frage: Glaubst du an Gott? meistens oberflächlich. Wenn es nur bedeutet, dass in deinem Kopf ein Extrafach ist, wo Gott sitzt, dann ist Gott keineswegs ein Ereignis, das dein ganzes Leben verändert, wie Buber es über die wirkliche Offenbarung, aus der ich nicht unverwandelt herauskomme, sagt. Wir müssten eigentlich fragen: Lebst du Gott? Das entspräche der Realität der Erfahrung.

Zu besuch bei den armen im glänzenden manhattan

In einem neuen haus der stadt
gebaut für die slumbewohner
suchen wir michael
der lift ist wieder ausgefallen
wir gehen elf stockwerke hoch
die graffiti an den wänden ohne farben
und aggressiv
michael trinkt bier er ist newyorican
lacht er und war in vietnam
lange frag ich und weiß schon
zu lang
er zeigt uns wie sauber die küche
seine frau ist vor drei jahren weggegangen
er zieht drei kinder auf
ruft sie herein einzeln
lässt sie strammstehen und fragt
wer ist der boss wer
hat zu sagen wer
kommandiert hier liebst du mich
nach vier fragen dürfen sie wieder
spielen gehen

Glaubst du an gott frag ich ihn
wär ich weniger verzweifelt über das was ich sehe
ich müsste nicht fragen
eigentlich nein sozusagen gibt er zurück
ja doch einer muss ja schließlich
kommandieren und der boss sein nicht
einer muss oben sein sagt er
würdest du nochmal nach vietnam gehen
frag ich er ist seit anderthalb jahren
arbeitslos

ich hasste es sagt er aber natürlich
ich würde wieder hingehn wenn nötig
und dein junge will ich wissen
wenn uncle sam ihn braucht dann
wird er gehn
und bruce mein blasser junger baptistenpfarrer
betet mit michael für ihn und für uns alle
dass er arbeit findet und bald sagt er
und ich bete dass er seinen gott verliert
endlich und für immer

Gotteshunger

Einmal hat ein Hörer meiner Vorlesung vor 330 Leuten etwas sehr Ehrliches gesagt. Etwa so: „Ich fühle mich eigentlich ganz wohl. Ich habe keine Fragen. Zugleich bin ich unbefriedigt, weil ich keine Fragen habe. Sie haben eben über geistlichen Hunger gesprochen, das hat mich erschreckt. Ich wäre auch gern hungrig, bin es aber nicht."

Mit dem Gotteshunger ist es so, dass er zwar wie der leibliche immer wieder kommt, dass er aber ganz leicht abgelenkt und umfunktioniert werden kann. Dann vergisst man ihn, schlägt sich den Bauch mit andern Sachen voll und erklärt „Ich bin nicht religiös." Dieser triviale Satz hört sich für mich ungefähr so an, wie wenn einer sagte: „Es macht mir nichts, dass meine Schwester vergewaltigt wird und mein Bruder in einem psychiatrischen Krankenhaus eingeht, ich bin sowieso auf beiden Augen blind und weiß nicht, was Tanzen heißt, ich bin eben nicht religiös."

Gott brauchen wir aus Schmerz, Angst und Wut, das sind die verstoßenen Geschwister der Liebe. Wenn wir Schmerz, Angst und Wut wieder an uns heranlassen, dann kommen wir heraus aus der Anspruchslosigkeit, dass wir vom Leben nicht mehr verlangen als das Butterbrot.

Früher gehörte Gott zum alltäglichen Brot. Die Gott-Sprache war eine allgemeine, für alle verständliche Sprache. Die Vision eines Lebens, in dem alle satt werden, war in dieser Sprache aufbewahrt. Heute fehlt die Vision, und das Essen ist eine Privatangelegenheit. Aber so anspruchslos, so visionsfrei, so geistlos, so auf Geld und Karriere zurückgebogen sind die Menschen nicht. Mit dem Gotteshunger ist es so, dass er nicht kaputtzukriegen ist.

Ich dein baum

Nicht du sollst meine probleme lösen
sondern ich deine gott der asylanten
nicht du sollst die hungrigen satt machen
sondern ich soll deine kinder behüten
vor dem terror der banken und militärs
nicht du sollst den flüchtlingen raum geben
sondern ich soll dich aufnehmen
schlecht versteckter gott der elenden

Du hast mich geträumt gott
wie ich den aufrechten gang übe
und niederknien lerne
schöner als ich jetzt bin
glücklicher als ich mich traue
freier als bei uns erlaubt

Hör nicht auf mich zu träumen gott
ich will nicht aufhören mich zu erinnern
dass ich dein baum bin
gepflanzt an den wasserbächen
des lebens

Die Stationen einer heutigen mystischen Reise gehen ineinander über wie die der alten Reisen. Ich nenne sie: Staunen, Loslassen und Widerstehen. Der erste Schritt auf dem mystischen Weg ist das Staunen. Um eine Erfahrung zu benennen: Als mein ältester Sohn die Zahlen lesen lernte, blieb er vor einem Haus auf der Straße stehen und rührte sich nicht vom Fleck. Als ich ihn mit „Komm doch!" weiterziehen wollte, sagte er: „Mama, guck doch, diese wundervolle Fünf-hundert-sieben-und-dreißig!" Ich hatte sie natürlich noch nie gesehen. Er sprach die Zahl langsam, tastend, entdeckend. Er war versunken im Glück. Ich denke, dass jede Entdeckung der Welt uns in einen Jubel stürzt, ein radikales Staunen, das die Schleier der Trivialität zerreißt. Nichts ist selbstverständlich! Und am wenigsten die Schönheit.

Der erste Schritt des mystischen Weges ist eine *via positiva*. Er geschieht im Urbild der in Gott blühenden Rose. Der Jubel des Fünfjährigen antwortet auf die Erfahrung des „radical amazement", wie Abraham J. Heschel (1907–1972) diesen Ursprung unseres In-Beziehung-Stehens nennt. Ohne dieses überwältigte Staunen angesichts dessen, was uns in Natur und in den Befreiungserfahrungen der Geschichte begegnet, ohne die erfahrene Schönheit, die auch auf einer verkehrsreichen Straße, in einer blauweißen Hausnummer sichtbar werden kann, gibt es keinen mystischen Weg, der zur Einigung führen kann. Staunen heißt, wie Gott nach dem sechsten Tag die Welt wahrnehmen und neu und zum erstenmal sagen können: „Und siehe, es war alles sehr gut"!

Es genügt aber nicht, das Staunen nur als Glückserfahrung zu benennen. Es hat auch seine dunkle Seite des Entsetzens und der Ausweglosigkeit, die sprachlos macht. Gegen dieses Dunkel versuchten sich schon die Griechen mit einem Verbot des Anstaunens, das Horaz in das Motto „nil admirari" fasst, zu wehren. Aber dieses Verbot, mit dessen Hilfe das wissenschaftliche Denken einst die Angst vor der Angst bannen sollte, hat mit den Dämonen auch alle Engel verbannt, mit dem gelähmten Erschrecken auch das Staunenkönnen verlernt.

Wer sich von der stumm machenden, entsetzenden dunklen Seite der Verwunderung verabschieden will, ergreift in der rationalen Überlegenheit die Rolle des Weltbesitzers. Besitzen- und Staunenkönnen scheinen mir sich gegenseitig auszuschließen. „Was hülfe es dem Menschen, wenn er die ganze Welt gewönne und nähme doch Schaden an seiner Seele?" (Matthäus 16, 26)

Die Seele braucht das Staunen, das immer wieder erneute Freiwerden von Gewohnheiten, Sichtweisen, Überzeugungen, die sich wie Fettschichten, die unberührbar und unempfindlich machen, um uns lagern. Dass wir ein Berührtwerden vom Geist des Lebens brauchen, dass ohne Staunen, ohne Begeisterung nichts Neues beginnen kann, scheint vergessen. „Ohne Begeisterung", so der Goethefreund Herder, „geschah nichts Großes und Gutes auf der Welt. Die man für Schwärmer hielt, haben dem menschlichen Geschlecht die nützlichsten Dienste geleistet." Gerade an diesem Punkt hat die christliche Religion heute – in einer Welt, die ein kosmisches Bewusstsein wissenschaftlich ermöglicht und in der es zugleich möglich ist, die Schöpfung ungeschehen zu machen (to undo creation) – von ihrem eigenen Ursprung in der jüdischen Tradition zu lernen.

Das bedeutet für den Anfang der Reise, dass wir den Weg nicht als Suchende beginnen, sondern als Gefundene; die erfahrene Güte ist uns allemal voraus. Noch vor – im ontologischen, nicht notwendig im chronologischen Sinn – der Bitte dessen, der sich verlassen und verbannt fühlt, steht das Lob, ohne das er oder sie sich gar nicht als Verbannte wüssten! Diese Fähigkeit der „Verwunderung" stellt ein Einverständnis mit unserem Hier-Sein, Heute-Sein, Jetzt-Sein her. „Hiersein ist herrlich." (Rilke) Sie impliziert, wie jede Form der Ekstase, eine Selbstvergessenheit, die uns aus der normalen Selbstversessenheit und aus der ihr korrespondierenden Trivialität herauszaubert.

Staunen oder Verwunderung ist eine Art, Gott zu loben, auch wenn sein Name nicht genannt wird. Im Staunen schließen wir uns, ob mit oder ohne Wissen, den Himmeln an, die „des Ewigen Ehre rühmen" (Psalm 19, 2). „Wir fangen erst dann an, glücklich zu sein, wenn wir begreifen, dass Leben ohne Staunen nicht lebenswert ist." (Heschel)

Dieses umfassende Verständnis vom Wunder des Daseins ist unabhängig davon, ob wir den Ursprung der Schöpfung personal, wie in den abrahamitischen Religionen, oder nicht-personal fassen. Das radikale Staunen muss nicht absterben mit besserer, erklärender, wissenschaftlicher Erkenntnis, im Gegenteil, es wächst gerade in den besten wissenschaftlichen Köpfen, die sich oft zur Mystik hingezogen fühlen.

Kann das Staunen, die radikale Verwunderung des Kindes, wieder gelernt werden? Was immer das vielmissbrauchte Wort Meditation bedeutet, es enthält in sich ein Innehalten, ein Verweilen, in dem Einzelne oder Gemeinschaften sich eine andere Zeit vorsätzlich nehmen und meist einen anderen Ort wählen. Hören, Innehalten, Zur-Ruhe-Kommen, Betrachten und Beten sollen dem Wunder Raum schaffen. „Merke auf, Hiob, steh still und betrachte die Wunderwerke Gottes." (Hiob 37, 14) Der unbekannte Name der mystischen Rose erinnert uns an unser eigenes staunendes Glück.

Eine Einübung ins Staunen ist zugleich ein Anfang des Sich-selber-Verlassens, eine andere Freiheit von den eigenen Ängsten. Im Staunen enttrivialisieren wir uns und machen uns auf den zweiten Pfad der mystischen Wanderung, den des Loslassens. Ist „Gott loben" der erste Anstoß der Reise, so „Gott vermissen" eine andere unvermeidbare Station. Je tiefer das staunende Glück „sunder warumbe", desto dunkler die Nacht der Seele, die *via negativa*. Die Tradition, die meist mit diesem Weg der Läuterung beginnt und immer neue Wege der Askese, des Verzichts und der Bedürfnislosigkeit zeigt, lehrt auch zu ermessen, wie weit wir entfernt sind vom wirklichen Leben in Gott.

Das Loslassen-Lernen beginnt mit einfachen Fragen: Was nehme ich wahr? Was lasse ich nicht an mich heran? Was berührt mich? Was wähle ich aus? Wir brauchen ein Stück „Entbildung" oder Befreiung, ehe wir, um mit Seuse zu sprechen, in Christus „gebildet" oder transformiert werden können. Diese Entbildung hat in der medienbeherrschten Welt noch einen ganz anderen Stellenwert als in der von sehr viel weniger Ablenkung geprägten bäuerlichen oder klösterlichen Lebenswelt des Mittelalters. Für uns innerhalb eines historisch zuvor ungekannten Reichtums im Angebot von Waren und in der künstlichen Erzeugung neuer Bedürfnisse spielt diese Station der Reise eine andere Rolle als in den Kulturen der Armut. Wir bringen die Riten der Reinigung und des Fastens meist mit den puritanisch geforderten Verzichtleistungen zusammen, die zur Herstellung einer industriellen Arbeitsmoral notwendig waren. In der post-industriellen Konsumwelt funktioniert diese Ethik immer weniger; unser Loslassen-Können ist vor allem auf die wachsende Abhängigkeit vom Konsumismus bezogen. Reinigung, *purgatio*, brauchen wir sowohl in den Zwangsmechanismen des Konsums wie in den Suchtkrankheiten des Arbeitsalltags.

Je mehr wir uns auf das Loslassen der falschen Wünsche und Bedürfnisse einlassen, je mehr wir dem Staunen in unserem Alltag Raum geben, desto mehr nähern wir uns dem an, was die alte Mystik „Abgeschiedenheit“ nannte: ein gelebtes Abschiednehmen von Gewohnheiten und Selbstverständlichkeiten unserer Kultur. Gerade weil unsere Mystik mit dem Staunen und nicht mit der Verbannung beginnt, ist das Entsetzen über die Zerstörung des Wunders radikal. Unser Verhältnis zu den grundlegenden Realitäten von Besitz, Gewalt und Ego ändert sich. Bei dieser Entgröbung wird der Weg immer schmaler, Gefährten und Freunde trennen sich, und das ursprüngliche Staunen verdunkelt sich. Ist die Rose das Symbol des ersten mystischen Pfades, so die „dunkle Nacht“ das des zweiten.

Gott vermissen ist eine Gestalt dessen, was die Tradition auch „Gottleiden“ genannt hat. Leerwerden bedeutet ja nicht nur, überflüssigen Ballast loszuwerden, sondern auch sich zu vereinsamen. Bestimmte Formen des Rückzugs, der Rück-Beziehung auf die Natur und das ursprüngliche Staunen werden im Horizont der Naturvernichtung immer schwerer. Eine mystische Spiritualität der Schöpfung wird vermutlich immer tiefer in die dunkle Nacht der Auslieferung an die Mächte und Gewalten, die uns beherrschen, geraten. Es ist ja nicht nur der arme Mann aus Nazareth, der mit seinen Geschwistern heute am Kreuz zu Tode gefoltert wird, sondern unsere Mutter Erde selber.

Der Horizont der ökologischen Katastrophe ist der Hintergrund, vor dem der heutige Weg mystischer Reise zu denken ist. Gott zu loben und nichts so sehr wie Gott zu vermissen führt zu einem „In-Gott-Leben", das die Tradition die *via unitiva* genannt hat. Das Einswerden mit dem, was in der Schöpfung gemeint war, hat die Gestalt der *cocreatio;* in Gott zu leben bedeutet, sich an der weitergehenden Schöpfung zu beteiligen.

Die dritte Station führt in ein Heilen, das zugleich ein Widerstehen ist. Beides gehört in unserer Situation zusammen. „Heil" heißt, dass Menschen in Compassion und Gerechtigkeit mitschöpferisch leben und, indem sie geheilt werden, das Heilenkönnen erfahren. Wie die Jüngerinnen und Jünger Jesu sich als „geheilte Heilerinnen" erfuhren, so ist jeder Weg der Einung einer, der sich fortsetzt und ausstrahlt. Das Einssein ist nicht individuelle Verwirklichung, sondern geht über in die Veränderung der todorientierten Realität. Es teilt sich mit; es realisiert sich in den Formen des Widerstands; und vielleicht ist das stärkste Symbol dieser mystischen Einheit der Regenbogen als das Zeichen der Schöpfung, die nicht zugrunde geht, sondern in Saat und Ernte, Tag und Nacht, Sommer und Winter, Geburt und Tod weiter lebendig bleibt.

Der Wunsch, ganz zu sein

Die Sehnsucht nach dem Absoluten entzündet sich an den Begrenzungen unseres Lebens (Endlichkeit, Tod, Schuld, Leiden), aber sie geht nicht darin auf. Auch und gerade der glückliche Mensch, im Augenblick des reichen und erfüllten Lebens wird in der Suche nach Erfüllung weitergetrieben.

Aber was ist eigentlich der Inhalt dieses religiösen Bedürfnisses? Wonach sehnen sich die Menschen? Es ist der Wunsch, ganz zu sein, das Bedürfnis nach einem unzerstückten Leben. Das alte Wort der religiösen Sprache „Heil" drückt genau dieses Ganz-Sein, Unzerstückt-Sein, Nicht-kaputt-Sein aus. Dass die kaputten Typen – und wer rechnet sich nicht zuzeiten dazu? – den Wunsch haben, ganz zu sein, ist nur verständlich. Es ist zugleich der Wunsch nach einem Leben ohne Berechnung und ohne Angst, ohne äußere oder bereits verinnerlichte Erfolgskontrolle, ohne Absicherung. Vertrauen können, hoffen können, glauben können – alle diese Erfahrungen sind mit einem intensiven Glücksgefühl verbunden, und eben um dieses Glück des Ganzseins geht es in der Religion.

Als Theologen haben wir diese jetzt weit gefasste Grundlage zu wenig ausgesprochen, weil wir oft den zweiten Schritt vor dem ersten taten und die klare und bestimmte Richtung, die der christliche Glaube diesem allgemeinen und weitgefassten Bedürfnis gibt, eher in den Vordergrund stellten als das in der Tat schwer formulierbare Bedürfnis selber. Wir haben die Herausforderung und die Antwort nicht zueinander gebracht.

Hunger nach Sinn

Es gibt eine Art Hunger nach dem Sinn des Lebens, der wie der leibliche Hunger immer wieder auftaucht. Warum sind wir hier? Was soll das Ganze? Diesen Hunger nach Sinn kann man leicht verdrängen und sich den Bauch mit anderen Sachen vollschlagen. Aber er kommt wieder. Menschen sind Lebewesen, die diese verrückten, überflüssigen Fragen stellen. Die Süchtigen wissen das meist besser als die Tüchtigen, die Alkoholiker, die Depressiven unter uns wissen mehr als die angeblich Normalen. Aber irgendwann dämmert es allen, dass Geld und Karriere, Sex oder Familie diesen Hunger nicht befriedigen können.

Wer oder was stillt denn den Hunger? Die Religionen geben auf diese Frage eine denkwürdige Antwort, die, obwohl oft genug kritisiert und mit angeblich wissenschaftlichen Methoden widerlegt, etwas Unausrottbares an sich hat. Sie reden alle in verschiedenen Bildern und Sprachen von der ursprünglichen Kraft des Lebens, dem Ursprung aller Dinge, von dem, was alles zusammenhält und trägt.

Einmal traf ich eine junge schwarze Frau aus Südafrika, die in der christlichen Jugendbewegung arbeitet. Sie erzählte, wie sie miteinander die Bibel lesen, wie sie die Nachbarschaft organisieren, dass ihre Freunde im Gefängnis sind und wie sie miteinander beten. Die Kraft, die von dieser jungen Frau ausging, war unwiderstehlich: Ihre Furchtlosigkeit, die Klarheit ihrer Perspektive und ihre Hoffnung waren über allen Zweifel erhaben. „Vielleicht sind wir 1990 frei, vielleicht dauert es noch etwas länger“, sagte sie. „Das von Gott in ihr“, wie die Quäker es nennen, strahlte aus ihr heraus. Sie wusste, wofür sie lebte. Als ich daran dachte, was sie bei ihrer Rückkehr nach Südafrika erwartet – wahrscheinlich Gefängnis, wenn nicht Schlimmeres –, hatte ich ein Gefühl, das weit über die Angst um diesen jungen Menschen hinausging. Sie kriegen sie nicht kaputt, dachte ich. Gott ist stark in ihr, Gott ist schön in ihr. „Ich bin zum Ebenbild Gottes geschaffen“, sagte sie ganz cool, „meine Menschenwürde hängt nicht davon ab, was die, die sie mir verweigern, tun.“ Sie war frei, nicht nach den

Gesetzen und Vorschriften ihres Landes, aber aufgrund ihrer Verbundenheit mit Gott, ohne den wir weder Freiheit noch Schönheit noch Wahrheit leben und ausstrahlen können.

Ich werde manchmal gefragt, warum ich denn „immer noch" für Gerechtigkeit, Friede und die gute Schöpfung eintrete. „Immer noch?" frage ich zurück, wir fangen doch gerade erst an, aus der Verbundenheit mit dem Leben heraus zu kämpfen, zu lachen, zu weinen. Wir können uns doch nicht auf das geistige Niveau des Kapitalismus zurückschrauben und ständig „Sinn" mit „Erfolg" verwechseln. Das ist eine lebensgefährliche Verwechslung, wenn wir das Leben zurechtstutzen auf das Machbare und das, was sich konsumieren lässt. Meine Tradition hat uns wirklich mehr versprochen! Ein Leben vor dem Tod, gerechtes Handeln und die Verbundenheit mit allem, was lebt, die Wölfe neben den Lämmern und Gott nicht oben und nicht später, sondern jetzt und hier. Bei uns, in uns.

Von ganzem Herzen

Frömmigkeit, Glauben hat eine Qualität von Ganzheit. Wir suchen eine ganzheitliche Beziehung zum Leben. Frömmigkeit ist der Wunsch, sich selber vollständig, total dem tiefsten Sinn des Lebens zu geben. Ich zitiere das tägliche jüdische Gebet, das Sch'ma Israel: „Höre Israel, der Herr, unser Gott ist ein einiger Herr. Und du sollst den Herren, deinen Gott, lieben von ganzem Herzen, von ganzer Seele, von allem Vermögen" (5. Mose 6,4f). Oder in der Form, in der Jesus es aufnimmt: „Liebe den Herrn, deinen Gott, von ganzem Herzen, von ganzer Seele, von ganzem Gemüte und mit allen deinen Kräften" (Mk 12,30). Die große Hingabe an Gottes Leben in der Welt, ohne Abstriche, ohne Verleugnung oder Zurückweisung oder Verdrängung von einigen Kräften in uns. Fromm sein heißt: sich Gott geben, an der Bewegung der Liebe in der Welt teilnehmen und selber Liebe werden.

Sinn und Sehnsucht

Das religiöse Bedürfnis ist das Bedürfnis nach erfahrenem Sinn, die Sehnsucht nach versprochener und sichtbar werdender Wahrheit. Religion ist der Versuch, nichts in der Welt als fremd, menschenfeindlich, schicksalhaft, sinnlos anzunehmen, sondern alles, was begegnet, zu verwandeln, es einzubeziehen in die eigene menschliche Welt. Alles soll so gedeutet werden, dass es „für uns" wird. Alles Starre soll biegsam, alles Zufällige notwendig, alles sinnlos Scheinende als wahr und gut geglaubt und gedacht werden. Religion ist der Versuch, keinen Nihilismus zu dulden und eine unendliche (endlich nicht widerlegbare) Bejahung des Lebens zu leben.

In Variation eines Satzes von Freud: „Wo Es war, soll Ich werden" lässt sich sagen: Wo die Fremde, der Zufall und das Nichts waren, soll Heimat, Identität und Gott sein. Das Wort „Gott" bedeutet dann nicht mehr eine in einer zweiten Welt beheimatete Übermacht, die von außen in unsere Welt eingriffe. Es bedeutet nicht mehr einen zweiten Raum, den Himmel, eine zweite Zeit, nach dem Tode, eine zweite Art von einem unsterblichen allmächtigen Wesen, das uns als Person gegenübersteht. Wohl aber benötigen wir das Wort „Gott", um die noch nicht erreichte Totalität unserer Welt, die noch nicht erschienene Wahrheit unseres Lebens auszudrücken. In diesem Sinn lässt sich sagen, dass jeder Mensch die Frage, ob er an Gott oder an das Nichts, an den Sinn seines Lebens oder an die absolute Sinnlosigkeit glaubt, immer schon in seinem Leben entschieden hat.

Die deutlichste Grenze auf der Suche nach dem Sinn wird durch den Tod konstituiert: Wo die Freiheit aufhört, da erscheint auch die Suche nach dem Sinn als verzweifelt. Aber der Sinn ist genauso bedroht von unserer Alltäglichkeit und ihrer Banalität; die bloße Repetition des Lebens zerstört den Sinn ebenso. Wenn junge Leute heute oft sagen: „Ich bin nicht motiviert", so bedeutet das eigentlich: Ich lebe in der Sinnlosigkeit, in der sich nichts lohnt. Man muss die religiöse Frage, die hinter diesem verbreiteten Satz steht, mithören; das religiöse Bedürfnis ist nicht die Suche nach Sicherheit, nach Versicherung von oben, oder der billige Trost in der Niederlage. Die Suche nach dem Sinn ist weiter und umfassender als diese Verdinglichungen, die das Bedürfnis selber kanalisieren und reduzieren.

Da der umfassende Sinn des Lebens nicht sichtbar oder feststellbar ist (es sei denn für tränenlose Augen), entsteht das religiöse Bedürfnis immer wieder am Mangel, am Fehlen von Vergewisserung; Zweifel und unerfüllte Sehnsucht begleiten die religiöse Erfahrung. Dieser Schmerz kann nur um den Preis der Religiosität selber vermieden werden: wenn wir uns das religiöse Bedürfnis ausreden lassen und uns mit dem Fremden, Feindlichen, Schicksalhaften in der Welt abfinden, die eigenen Grenzen als natürlich annehmen und unsere Transzendenzfähigkeit zerstören. „Selig sind, die da Heimweh haben, denn sie werden nach Hause kommen" (Jung-Stilling). Die größte Vollkommenheit des Menschen ist sein tiefster Mangel: Gottes zu bedürfen.

Das ist eine klassische theologische Formulierung, die bei Augustinus oder auch bei Kierkegaard auftaucht. Sie bedeutet: Der Wunsch, ganz zu sein, ist nicht der Wunsch des schwachen, frustrierten, verachteten und sich selbst verachtenden Individuums, sondern gerade der wachsende Wunsch, der aus einem erfüllten Leben kommt. Die größte Vollkommenheit des Menschen ist sein tiefster Mangel: Gottes zu bedürfen – das heißt: seine Bedürfnisse wachsen ständig nach, keine Erfüllung kann sie stillen. Dass wir „Gottes" bedürfen, drückt diese unstillbare Sehnsucht aus. Der Schmerz um das noch ausstehende Reich Gottes ist zugleich der größte Reichtum des Menschen.

„Singen werd ich
und dem Tod
Land abgewinnen
mit jedem Ton“

Sterben und Auferstehung

Über auferstehung

Sie fragen mich nach der auferstehung
sicher sicher gehört hab ich davon
dass ein mensch dem tod nicht mehr entgegenrast
dass der tod hinter einem sein kann
weil vor einem die liebe ist
dass die angst hinter einem sein kann
die angst verlassen zu bleiben
weil man selber gehört hab ich davon
so ganz wird dass nichts da ist
das fortgehen könnte für immer

Ach fragt nicht nach der auferstehung
ein märchen aus uralten zeiten
das kommt dir schnell aus dem sinn
ich höre denen zu
die mich austrocknen und kleinmachen
ich richte mich ein
auf die langsame gewöhnung ans totsein
in der geheizten wohnung
den großen stein vor der tür

Ach frag du mich nach der auferstehung
ach hör nicht auf mich zu fragen

„Frau, warum weinst du"

Maria Magdalena ist als „Apostolin der Apostel", wie Augustinus sagte, eine der hervorragenden Frauengestalten der christlichen Überlieferung.

Ehe Maria Magdalena Jesus traf, war sie von sieben bösen Dämonen besessen (Lk 8, 2), was auf eine Geisteskrankheit, vielleicht auf manisch-depressive oder epileptische Zustände hindeutet. Mit anderen Frauen zieht dann die ehemals Geisteskranke nach Jerusalem, steht dort „von ferne" am Kreuz, als alle anderen Jünger weggelaufen waren (Mt 26, 56), geht zum Grab und sieht als erste den auferstandenen Christus (Joh 20, 1 u. 14).

Was sie und die anderen Frauen damit getan haben, versteht man erst, wenn man die Politik des Römischen Reiches gegen alle als aufständisch Angesehenen begreift. Die Kreuzigung eines Menschen hatte schwere Konsequenzen für alle Verwandten und Freunde. Die Kriminaljustiz bestimmte, dass ein gekreuzigter Verbrecher zur Abschreckung am Kreuz hängen bleiben sollte, bis die Tiere seinen Leichnam gefressen hatten. Die Verweigerung der Bestattung war ein Teil der Strafe, die auch Freunde und Verwandte oder, wie in Jesu Fall, Anhänger treffen sollte. Deswegen wurden gekreuzigte Leichname von römischen Soldaten bewacht, damit niemand sie stehlen könnte. Wie die Bestattung, so war auch die Trauer verboten. Menschen, die über den Tod eines Hingerichteten öffentlich weinten, wurden selbst hingerichtet. Tacitus schreibt über die Massenhinrichtungen unter Tiberius: „Weder Verwandten noch Freunden wurde es vergönnt, heranzutreten, sie zu beweinen, ja nicht einmal sie länger zu betrachten." Jedes Verhalten, das Nähe zu dem Gekreuzigten ausdrückte, konnte dazu führen, selber gekreuzigt zu werden.

Das Verhalten der Frauen entspricht dieser Realität: sie standen „von ferne" dabei (Mk 15, 40), sie versuchten, unerkannt zu bleiben, nahmen aber ein Risiko auf sich. Dass sie Frauen waren, bedeutete keinen Schutz, auch Frauen und Kinder wurden gekreuzigt. Auch zum Grab zu gehen war gefährlich: die Römer fürchteten, dass die

Gräber hingerichteter Gegner des Reiches zur Wallfahrtsstätte von Gesinnungsgenossen und Sammelpunkt konspiratorischer Elemente würden – ganz ähnlich übrigens, wie es in den langen Kämpfen schwarzer Südafrikaner gegen die Apartheid immer wieder zu Verboten von Grabfeiern und Gottesdiensten an den Gräbern der getöteten schwarzen Kinder und Jugendlichen gekommen ist.

Maria Magdalena und die anderen Frauen machten sich ganz bewusst zu Zeugen, wenn auch mit Vorsicht. Wären sie am Ostermorgen von Denunzianten gesehen worden, hätte es sie ihr Leben kosten können. Immerhin saßen die männlichen Jünger zur Zeit des Grabbesuchs und der Salbung noch in ihrem Versteck in Jerusalem. Die Angst hielt den Glauben gefangen. So konnten die Frauen dem Auftrag des Jünglings, die durch die Kreuzigung aufgelöste Schar der Jesusanhänger wieder zu sammeln, nicht nachkommen. „Und sie sagten niemandem etwas, denn sie fürchteten sich" (Mk 16, 8).

Maria Magdalena verkörpert die Angst und die Trauer der ganzen ersten Gemeinde. Sie ist mutiger als die Männer, sie sucht Jesus draußen am Grab, in der von den Männern gemiedenen Öffentlichkeit. Ihre Tränen, von Bibelauslegern oft als Sentimentalität dargestellt, sind ihr tiefster Selbstausdruck. Auch die Engel am Grab, auch der Auferstandene selber fragen sie „Frau, warum weinst du?" (Joh 20, 13 u. 15). Es ist die Verzweiflung darüber, dass alle Hoffnung und alle Heilung mit Jesu Tod zerschlagen ist. Wenn Gott ihn fallenließ und der gleichgültigen Nacht eines Universums ohne Gerechtigkeit und ohne Frieden überließ, dann ist die Hoffnung der Elenden, jemals frei, satt, unverkrümmt und ohne Dämonen zu leben, gestorben. Nach dem Johannesevangelium erkennt Maria Magdalena den Jesus erst, als er sie mit Namen anspricht. Sie antwortet „Rabbuni", das heißt Meister (Joh 20, 16). Ihrem Wunsch, ihn zu berühren und durch die Berührung neue Kraft zu gewinnen, entspricht Jesus nicht. Den Auferstandenen soll man nicht anfassen – oder fotografieren – wollen. Er berührt Menschen durch den Heiligen Geist, den er den Jüngerinnen und Jüngern einhaucht (Joh 20, 22). Und er beauftragt Maria

Magdalena, den verängstigten Männern zu erzählen, was sie als Zeugin gesehen hat.

Noch sitzen die Jünger voller Angst hinter verschlossenen Türen. Sie sind Knechte des Todes. Maria Magdalena geht zu ihnen, damit sie auch teilhätten. Auferstehung ist das Symbol einer Macht, die das Leben verändert, die Untertänigkeit dem Tod gegenüber und die Kooperation mit ihm zerbrechen. Zur Auferstehung des einen gehören immer Zeugen dazu, es geht nicht um die Heimholung Jesu zu seinem Vater, sondern um die Befreiung des Lebens aller Menschen aus Angst und Unterwerfung unter die Mächte des Todes. Nicht die Tränenlosen werden gefragt „Warum weinst du?“

Mütter

Zwei frauen an einem sommerabend
auf der terrasse sitzend
trinken sie wein und erzählen sich
von ihren müttern

Sagt die junge frau
jetzt vermeidet sie alle orte
wo sie mit meinem vater war
sie fährt umwege
um nicht erinnert zu werden
nein dorthin setz ich keinen fuß
sagt sie es tut zu weh

Sagt die ältere frau
meine mutter sucht die orte
an denen erinnerungen wachsen
sie lockt die toten näher her
vergisst kein datum
es tut ihr weh aber sie kommt nicht
darauf sich zu schützen

So plaudern beide über die mütter
die kaum des abends
wein trinkend mit einer freundin allein
unter dem mond
sitzen durften

Übergang

Im September 1990 ist meine Mutter gestorben, sie war in jenem Sommer 87 Jahre alt geworden. Ich war die letzten neun Nächte und acht Tage an ihrem Sterbebett in meinem Elternhaus. Zunächst erkannte sie mich nicht, hielt aber meine beiden Hände mit ihren knochendürren fest. Sie gestikulierte und stöhnte tief oder rief laut, nach „Mama“, „Papa“, nach Straßburg, der Stadt ihrer Kindheit, manchmal auch nach ihren Enkeln, meinen Kindern. Als ich bei ihr stand, fing ich an zu reden, was mir in den Sinn kam. „Es dauert nicht mehr lange. Es ist ein dunkler Tunnel, da musst du durch, dahinter ist es hell. Fürchte dich nicht! Ich bleibe jetzt bei dir. Der Tunnel ist schrecklich, er ist zu eng, aber dann ist es weit und licht.“

Dabei dachte ich daran, wie oft meine Mutter, die fünf Kinder geboren hat, den Tod mit den Mühen und Schmerzen der Geburt verglichen hat. Es war ein Gedanke, der sie zu beruhigen schien, der Tod eine Arbeit, die man zu Ende bringen muss. Ich wusste nicht, ob sie irgend etwas von meinen Worten aufnahm; sicher beruhigten sie die Berührung und meine halblaute, aber feste Stimme.

Dann fiel mir ein zu singen, weil die Worte nicht mehr trugen. Ich sang „Befiehl du deine Wege“, ein Kirchenlied, das sie gern hatte und das eine meiner Töchter ihr zum 80. Geburtstag aufgesagt hatte. Ich sang die drei oder vier Strophen, die ich auswendig kannte, ich fügte dann andere Lieder an, auch liturgische Rufe wie das aus Taizé stammende „Laudate omnes gentes, laudate dominum“. Wenn ich nicht weiter wusste, summte ich die Melodie noch einmal, laut und deutlich. Meine Mutter wurde ruhiger und schlief ein.

In den folgenden Nächten und Tagen habe ich viele Stunden lang gesungen. Ich besorgte mir ein Gesangbuch und las die Strophen nach, die mir fehlten. Dabei entdeckte ich, dass viele Lieder das Sterben einbeziehen, auch wenn sie über den anbrechenden Morgen oder die ruhenden Wälder handeln.

Hin und wieder habe ich auch einen Psalm gesprochen, den 23. vom guten Hirten und den 126. Psalm. „Wenn der Herr die Gefangenen Zions erlösen wird, werden wir sein wie die Träumenden." Aber es schien mir fast, als ob die Fremdsprache lateinischer Gebetsrufe näher an sie herankam. Während der Zeit des Singens hatte ich ein Gefühl der Verbundenheit, als sei sie's so zufrieden. Es war nicht so, als täte ich etwas „für sie", sondern als wären wir zusammen und gingen miteinander auf etwas zu, das größer ist als wir. Meine alte theologische Überzeugung, dass Liebe ohne Gegenseitigkeit, ohne Geben und Nehmen von beiden Seiten, nicht möglich ist, dass auch Gott uns nichts „geben" kann, wenn wir nicht Träger und Geber eben der Kraft Gottes werden, hat sich in diesen Nächten am Sterbebett gefestigt.

Das Singen und Beten, wie es in der dörflich-katholischen Kultur noch lebendig ist, ist eine Hilfe im Übergang für die aktiv Sterbenden wie für die Begleitenden. „Swing low, sweet chariot", habe ich für die Mutter wie für mich selber gesungen, „coming to carry me home", als stünden wir alle vor dem Jordan, dort, wo Christus den alten finsteren Fährmann Charon abgelöst hat.

Am ersten Abend hatte ich den Vers „Wenn ich einmal soll scheiden" kaum zu Ende bringen können, weil mir die Tränen kamen. Am letzten Abend sang ich es ruhig, und bei der folgenden Strophe „Erscheine mir zum Bilde/zum Trost in meinem Tod" dachte ich an die vielen verschiedenen Bilder, die beim Sterben auftauchen, aus der Kindheit, aus der Angst, verlassen zu werden.

Die Namen der Enkelinnen und Enkel kamen meiner Mutter öfter als die der eigenen Kinder. Sollen wir uns an Bildern – wie das vom Tunnel mit dem Licht dahinter – festhalten? Werden sie gebraucht – von uns, den passiv Sterbenden, oder von denen, die den Tod suchen? Wenn der Tod der bilderlose Zustand schlechthin ist, ist es dann möglich, ihn mit Bildern auszustatten und ihn so zu humanisieren? Kann der Tod als „Freund, und komme nicht zu strafen", wie es bei Matthias Claudius – und Schubert – heißt, kommen?

Das letzte Lied, das ich sang, war „Herr, erbarme dich". Meine Mutter atmete seit längerem zum ersten Mal wieder stetig, wenn auch kurz. Ich hatte meine Hand auf ihre gelegt, ihr Gesicht war ganz entspannt. Der letzte Seufzer war leicht, wie ein erstauntes „Ach“. Einen Augenblick lang zweifelte ich an der Präsenz des lang Erwarteten. Aber er war schon ins Zimmer getreten.

Gegen den tod

Ich muss sterben
aber das ist auch alles
was ich für den tod tun werde

Alle andern ansinnen
seine beamten zu respektieren
seine banken als menschenfreundlich
seine erfindungen als fortschritte der wissenschaft
zu feiern
werde ich ablehnen

All den anderen verführungen
zur milden depression
zur geölten beziehungslosigkeit
zum sicheren wissen
dass er ja sowieso siegt
will ich widerstehen

Sterben muss ich
aber das ist auch alles
was ich für den tod tu

Lachen werd ich gegen ihn
geschichten erzählen
wie man ihn überlistet hat
und wie die frauen ihn
aus dem land trieben

Singen werd ich
und ihm land abgewinnen
mit jedem ton

Aber das ist auch alles

Leichter werden

Wenn ich die Treppe so langsam hinaufgehe, merke ich, dass ich älter geworden bin; ich habe Angst vor Verlangsamung. Oder wenn ich nicht springen kann, werde ich ungeduldig mit mir selber, weil ich an sich rasch bin und eine gewisse Liebe zu allem, was flink ist, habe: die Bäche im Gebirge, die seilspringenden kleinen Mädchen.

Ich frage mich: Wie macht man das denn, langsamer zu leben, Zeit zu haben, leichter zu werden? Ich möchte da gern noch ein bisschen dazulernen, eine andere Beziehung zur Zeit zu gewinnen. Altwerden heißt zur Zeit für mich, dass meine Ungeduld mit mir selber wächst. Ich hoffe, dass ich noch lernen kann, damit umzugehen, ohne mich ganz in dieses Sichkrank-Fühlen, Sichschwach-Fühlen zu verlieren. Dass das ganze Leben nur noch daraus besteht, davor habe ich, glaube ich, die meiste Angst. Das ist ganz schrecklich, wenn man das manchmal sieht, diesen Selbstverlust. Ich kann mir sogar als Extremfall den Freitod vorstellen, halte es für denkbar, so weit zu gehen; das stört sich nicht mit meiner religiösen Überzeugung. Die technologische Lebensverlängerung, unter deren Diktat wir leben, geht gegen den Willen des Lebens selbst, gegen die Schöpfung. Es ist krankhaft und künstlich, sich an das Leben zu klammern oder ungefragt an es geklammert zu werden; man nimmt dann das Leben wie einen Besitz, nicht wie eine Leihgabe auf Zeit.

Den Technizismus auch des Sterbens zu überwinden, halte ich für eine Dokumentation der Freiheit. Ich meine das nicht so, als wenn ich mich dem Leben überlegen fühlte. Es gibt bei den kanadischen Indianern einen schönen Ausspruch: „Ich höre die Eule meinen Namen rufen." Er bedeutet: Wenn du die Eule hörst, gehst du aus dem Dorf weg und allein in eine Hütte in der Wildnis. Dort stirbst du, das heißt, du verzichtest auf Pflege und Nahrung. Das ist sicherlich nicht sehr angenehm, aber ich finde darin eine größere Würde des Sterbens, als sie in unserer Kultur jetzt entwickelt ist.

Ich glaube an das Leben nach dem Tod, das Leben, das weitergeht nach meinem individuellen Tod, an den Frieden, der vielleicht irgendwann einmal sein wird, wenn ich schon lange tot bin, an die Gerechtigkeit und die Freude. Ich glaube nicht an eine individuelle Fortexistenz, und ich möchte auch nicht in die Lage kommen, daran glauben zu müssen. Ich empfinde das wie eine Krücke des Glaubens, aber eigentlich sollten wir ja gehen lernen, und ich möchte gehen lernen, ohne mich dieser bürgerlichen Krücke bedienen zu müssen.

Wenn ich soviel Glauben hätte wie Jesaja oder Jeremia, wär ich's zufrieden; den „Platonismus fürs Volk“, für den Nietzsche das Christentum hielt, brauche ich nicht, wohl aber den Glauben an den, der erwählt und befreit und mitgeht.

Eine junge Frau fragte mich einmal: „Ist für Sie mit dem Tod alles aus?“ Ich antwortete: „Es kommt darauf an, was Sie unter ‚alles‘ verstehen. Wenn Sie für sich ‚alles‘ sind, dann ist für Sie alles aus. Wenn nicht, dann geht alles weiter, ‚mer läbn ewig‘, wie ein schönes jiddisches Lied singt.“

Die individuelle geistige, seelische und körperliche Existenz endet mit dem Tod. Das ist kein Gedanke, der mir Schrecken einflößt, dass ich ein Teil der Natur bin, dass ich wie ein Blatt herunterfalle und vermodere, und dann wächst der Baum weiter, und das Gras wächst, und die Vögel singen, und ich bin ein Teil dieses Ganzen. Ich bin zu Hause in diesem Kosmos, ohne dass ich jetzt meine Teilhaftigkeit, die ich vielleicht siebzig Jahre lang gehabt habe, weiterleben müsste.

Ich finde, dass wir viel von den ostasiatischen Religionen lernen können, die das besonders deutlich gesehen haben: Das Vertrauen ins Ganze, und das Ganze ist größer als seine Teile, und ich bin ein Teil. Paul Tillich hat das mal sehr schön den „Mut, sich in seiner Endlichkeit zu bejahen“ genannt, also zu begreifen: Ich bin endlich, ich werde sterben, ohne darüber verzweifeln zu müssen.

Erinnere dich an gotama

Erinnere dich an gotama jüngling aus reichem hause
der so behütet wurde um nicht zu sagen vermummt
dass er mit achtzehn Jahren auf einem spaziergang durch den park
unheilbar erschrak für sein leben
er sah dort vier figuren
die man auch dir gern versteckt
die krankheit
den hunger
das alter
den tod
einer von diesen schon war genug
die mauer des gartens einzureißen
und den park zu verwüsten
und die goldenen steine mit denen sein kleid besetzt war
schwarz zu machen für immer

Da es nun vier waren und kein übersehen möglich
auch keine handvoll reis half
der alte hatte keine zähne
auch kein wort trost
der hungrige starb
auch kein beutel gold
der kranke konnte nicht gehen
auch kein vergessen
weil einer der vergissmeinnicht war der tod
da zog der aus dem schönen hause fort
und ließ kleider zurück und geld und ehren und eine frau
die jung war und gerade ein kind bekommen hatte
der gotama aber ging fort
weil er die vier gesehen hatte

Der nun von dem ich dir erzählen will
hat die vier auch getroffen als er durch sein land ging
in den höhlen nazareths sah er die krankheit
die rasselte dort mit der klapper
in der steinwüste traf er den hunger an
und die alten sah er vergeblich hocken bei jericho
den tod aber hat er getroffen als er am jordan stand
und sich taufen ließ von einem dem schlugen sie bald den kopf ab

Alle diese begegneten ihm
aber er wandte sich nicht ins gebirge der weisheit
sondern er lud sie zum essen ein
an seinem tisch saßen sie
alter und hunger krankheit und tod
auch zogen sie mit ihm die staubigen wege
wo es keinen schatten gab auf stunden
auch begleiteten sie ihn des nachts
denn ich nehme an dass er nicht gut schlief
gemeinhin

Die Umrisse des Gelobten Landes

Ein Tod, von dem in der Bibel erzählt wird, ist der des Mose. Mose starb im Angesicht des Gelobten Landes, das Gott ihm vom Berge Nebo aus zeigte. Seine Augen waren nicht dunkel geworden, und seine Kraft war nicht verfallen (5. Mose 34, 7). Er sah auf das Land, das er nicht erreichte, das er niemals betrat. Eine individuelle Auferstehungshoffnung hatte er nicht nötig. Weil er den großen Tod, der die Menschen nicht zum Leben kommen lässt, in der ägyptischen Sklaverei erkannt und bekämpft hatte, den Tod am Brot allein, darum brauchte er den kleinen Tod nicht zu fürchten. Er konnte nun einwilligen. Um diesen Tod möchte ich beten, ihn möchte ich allen wünschen. Es ist leichter zu sterben, wenn wir die Umrisse des Gelobten Landes deutlicher vor uns sehen.

Die dreizehn Rosen

Vor einiger Zeit besuchte ich eine Gruppe von Basisgemeinden in Madrid. Dort habe ich eine Geschichte gehört, die mich nicht losgelassen hat, sowenig wie sie die Frauen, die sich dort getroffen haben, losließ. Es ist die Geschichte von den dreizehn Rosen, sie spielt im Jahr 1939, am Ende des spanischen Bürgerkriegs. Sie handelt von einer Handvoll junger Mädchen, die sich in der damaligen Sozialistischen Jugendorganisation (Juventudes Socialistas Unificadas) einsetzten. Alle kamen aus einfachen Verhältnissen, alle waren minderjährig, die jüngste von ihnen nicht einmal fünfzehn Jahre alt.

Als Madrid im Bürgerkrieg fiel und von den Faschisten erobert wurde, schlossen sich die jungen Mädchen zusammen, um den Verhafteten und ihren Angehörigen beizustehen. Sie taten nichts Besonderes, sie brachten Essen zu denen, die untergetaucht waren, und sie kümmerten sich um die verlassenen Kinder, deren Eltern tot oder gefangen waren. Wegen dieser Verbrechen wurden die dreizehn Rosen im Mai 1939 verhaftet. Man beschuldigte sie, zur Roten Hilfe zu gehören. Am 5. August 1939 wurden sie an der Mauer des Ostfriedhofs in Madrid erschossen.

Heute sind sie vergessen, und das ist der Grund, warum ich von ihnen erzähle. Rosa Montero, Schriftstellerin und führende spanische Journalistin, hat ebenfalls erst fünfundvierzig Jahre nach der Erschießung von diesen jungen Mädchen gehört. Sie schreibt: „Es gibt einen Tod, der viel endgültiger ist als der körperliche Übergang, das ist der absolute Tod des Vergessens. Die totalitären Regime wissen das nur zu gut, deswegen verbieten sie Erwähnungen, Schriften und Erinnerungen."

Ich möchte daran erinnern, dass die Deutschen in dem tschechischen Dorf Lidice nicht nur die Männer erschossen, die Frauen und Kinder verschleppten, das Dorf verbrannten und unkenntlich machten, sondern auch den Friedhof sozusagen ausradierten, damit kein Gedenken, keine Spur mehr übrig sei. Selbst den Bach leiteten sie um in ihrer Sucht, das Gedächtnis zu töten. Die Sowjets haben die Gestalt von Trotzkij aus der russischen Enzyklopädie ausgelöscht, sie haben alle offiziellen Dokumente von seinem Namen gereinigt, sogar die alten Fotos haben sie retuschiert. Rosa Mentero schreibt: „Sie ermordeten Trotzkij nicht nur, sie annullierten, um es so auszudrücken, seine Geburt. Sie hatten die Absicht, ihn zur Nichtexistenz zu verdammen."

Gegen diese Auslöschung der Erinnerung sollen wir uns zur Wehr setzen. Heute gibt es viel sanftere und elegantere Formen der erzwungenen Vergessenheit. Unsere Medien wissen immer und vor allem, was „in" und was „out" ist. Aber können wir denn jemals wissen, wer wir selber sind, wenn wir uns so abschneiden von dem, was war, und von denen, die ein Zeugnis gegeben haben? Das gilt vor allem für die Geschichte von Frauen, die kaum in den Geschichtsbüchern erscheint. Wie lange soll das noch gehen, dass wir vor allem die Geschichte der Frauen ignorieren?

Es ist ja nicht erstaunlich, dass sich das Vergessen, die Amnesie, über die dreizehn jungen Mädchen in Madrid gesenkt hat. Es ist in diesem Fall einmal das aktive Vergessen der Frankoanhänger, die sich nicht an den Mord an den dreizehn Rosen erinnern wollen, aber auch das passive Vergessen der untergetauchten Linken, die so viele andere und bedeutendere Tote für sich beansprucht. Beide arbeiten zusammen im Vergessen, in dem totalen Schweigen, das die Rosas ausgelöscht hat, als seien sie nie gewesen.

Erinnern wir uns an diese Frauen. Der letzte Brief von einer der dreizehn Rosen ist am Tag der Exekution geschrieben, voller Schreib- und Grammatikfehler. Er stammt von der neunzehnjährigen Julia Conesa. Dies sind ihre Abschiedsworte:

„Mutter, Brüder, in aller Liebe und Begeisterung bitte ich euch, dass ihr mich nicht beweint. Ich gehe, ohne zu weinen. Kümmert euch um meine Mutter. Sie töten mich unschuldig, aber ich sterbe, wie eine Unschuldige sterben soll. Mutter, Mütterchen, ich gehe, mich mit meiner Schwester und meinem Papa in der andern Welt zu treffen, aber wisse, dass ich als ehrenhafte Person sterbe. Adios, geliebte Mutter, adios für immer. Deine Tochter, die dich niemals mehr umarmen und küssen kann. – Julia Conesa. Küsse an alle, weder du noch meine Freundinnen sollen weinen. Dass mein Name nicht ausradiert werde in der Geschichte.“

Zur Sprache finden

Das Leiden muss Sprache finden und benannt werden, und zwar nicht nur stellvertretend für viele, sondern in persona von den Leidenden selber. Es ist notwendig, dass Menschen zum Sprechen kommen, um nicht vom Unglück zerstört oder von der Apathie verschluckt zu werden. Es ist nicht wichtig, wo und in welchen Formen das geschieht, aber dass Menschen sich formulieren können, oder besser: sich ausdrücken lernen, was die nichtsprachlichen Möglichkeiten der Expression einschließt, davon hängt in der Tat ihr Leben ab; ohne die Fähigkeit, mit andern zu kommunizieren, kann es keine Veränderung geben, das Verstummen, die totale Verhältnislosigkeit ist der Tod.

Ich könnte nicht an die Umkehr glauben, wenn ich nicht an vielen Stellen der Welt Zeichen der Umkehr, der gegenwärtig gelebten Vision gewöhnlicher Leute erkennen könnte.

Helen Woodson, eine Frau von 42 Jahren aus Madison, Wisconsin, eine Mutter von elf Kindern, eins von ihr geboren, sieben adoptiert und drei Pflegekinder, nahm in einer Aktion des zivilen Ungehorsams zusammen mit drei Gefährten an einem Einbruch in ein Atomwaffenlager der Whiteman Air Force Base, 30 Meilen von Kansas City, teil. Nachdem sie die Messe gefeiert hatten, zerschlugen die vier dort einen riesigen Beton- und Stahldeckel, der über dem Silo für „minuteman II“, ein unbemannter atomarer Marschflugkörper, lag. Es gelang den vier Widerstandskämpfern in anderthalbstündiger Arbeit, ehe sie entdeckt und festgenommen wurden, den Deckel der Bombe so irreparabel zu beschädigen, dass er sie nicht mehr vor den Wetterwirkungen schützen kann. Wasser und Luft tun jetzt ihr subversives Werk. Helen Woodson und die anderen Widerstandsleute bekamen achtzehn Jahre Gefängnis, statt der beantragten 25 Jahre. Sie wurden für schuldig befunden wegen Verschwörung, unbefugten Betretens des Militärgeländes, gewollter Zerstörung von Eigentum und Behinderung der Nationalen Verteidigung. Helen begann ihre Verteidigungsrede mit den Worten: „Das ist ein Tag von Leben, Tod und Auferstehung. Heute, am 25. März, erinnert sich die Katholische Kirche an die Verkündigung – den Tag der Konzeption von Jesus Christus. Außerdem haben wir gerade den Jahrestag des Martyriums von Erzbischof Oscar Romero. Außerdem ist das der fünfte Geburtstag von Jeremy Woodson. Ich will Jesus oder Oscar Romero nicht verkleinern, aber ich möchte mich auf den kleinen Jeremy konzentrieren.“

Jeremy ist ein schwerstbehindertes, von den Ärzten aufgegebenes Kind, das Helen adoptiert hat. Über diesen fünfjährigen Jungen sprach sie in ihrer Gerichtsverhandlung, als sie ihre Aktion verteidigte: „Die Ärzte sagten mir, er würde niemals sitzen können, und als er es tat, sagten sie, er würde niemals gehen, und als er das tat, sagten sie, er würde niemals sprechen. Jetzt spricht er, und demnächst werden sie mir wohl erzählen, dass er niemals lesen wird, aber ich habe Lust zu wetten, dass er es tun wird, besonders heute!

Das Wunder mit Jeremy sind nicht nur diese Meilensteine, die ich hier beschrieben habe. Es ist vielmehr sein Geist. Jeremy liebt, wie ich niemals jemanden zuvor lieben gesehen habe, und in seiner Liebe verbringt er den Tag mit Singen, Tanzen und Lachen. Das Kind ist ein geborener Widerstandskämpfer! (a born resister!) Wenn er gegen etwas ist, legt er die Hände auf die Hüften, stampft mit dem Fuß auf und sagt sehr fest, aber ohne Bosheit oder Zorn ‚Ich sage nein!'

Zwei Menschen haben mich am meisten gelehrt, wie man das Leben feiert, nicht nur übersteht. Einer davon ist Jeremy. Und ich habe von Jeremy gelernt, dass wirkliche Feier des Lebens alle drei Elemente enthalten muss, um nicht unvollständig zu sein: Leben, Tod und Auferstehung.

In der Empfängnis Jesu sind sein Tod und seine Auferstehung enthalten. Im Tod von Oscar Romero ist Leben und Auferstehung impliziert. Ich weiß nicht genau, wie ich das für Jeremy ausdrücken soll, weil für mich alles, was mit ihm zu tun hat, Auferstehung war." In dieser Dreiheit von Leben, Tod und Auferstehung versteht Helen auch ihre Aktion.

Todesschrecken

Auf dem Fensterbrett ausgestreckt
liegt die katze
einen tag lang hab ich sie
nicht getroffen
behext von der angst
sie könnte tot sein

Da seh ich ihren bauch
sich füllen und leeren
jasagen neinsagen
aufgehen untergehen
der schimmer des fells
ändert sich wenn das licht anders fällt

Immer fällt das licht neu
auf alles was lebt

Ich umarme meine katze
und das graue gleichgültige licht
eines sommermorgens im norden
ich umarme das graue licht
es spielt noch
mit mir

Die Welt – erlöst

Ein altes Gebet der Kirche lautet: „Wir beten dich an, Herr Jesus Christus, und preisen dich, denn durch deinen Tod hast du die Welt erlöst." Ich maße mir nicht an, es vollkommen zu verstehen. Die Welt erlöst? Davon sehe ich nicht viel. Aber ich habe immer mehr gelernt, dass es Dinge gibt, die wir aussprechen, sagen, nachstammeln sollen, nicht weil wir sie beweisen könnten, aber weil sie uns im Leben gründen gegen das Meer von Tränen und Foltern, von Grausamkeit und gegen das Meer der eigenen Schuld.

„Die Welt – erlöst", das ist einer dieser verrückten Sätze, die wir zum Leben brauchen. Wir hüllen uns ein in diesen Satz wie in einen warmen Mantel. Manchmal muss man sich Dinge sagen, die man nicht versteht, die wir aber zum Leben brauchen. Ich denke, die innere Geschichte des Glaubens ist eine Wanderung zwischen Glauben und Zweifeln, die nie zu Ende kommt, so dass man schließlich wüsste, entweder: „Die Welt ist erlöst!" oder auch: „Sie kann nicht erlöst werden, das Absurde, das Zufällige, der Tod werden immer Sieger bleiben!" Ich jedenfalls kann mich da nicht entscheiden, nie ganz genau wissen, auf welcher Seite, des Glaubens oder des Dunkels ich stehe. Ich halte mich an die Wahrheit, die dunkle, die aus Tod und Schmerz kommt und nur deswegen stärker ist als das zynische Wissen einer dem Untergang zurasenden Welt. Manchmal denke ich gar: Was kümmert es mich, ob ich glauben kann! Gegen das Unrecht, das die Welt entstellt, gegen die eigene Schuld, in die ich hineinzementiert bin, und gegen die Furcht vor dem eigenen Tod halte ich mich an diesen Versuch, die Liebe gegen den Tod zu setzen. „Es ist besser, wenn ein Mensch für das Volk stirbt, als dass das ganze Volk umkommt." Karfreitag: nicht das ganze Volk Gottes soll umkommen. Es haben schon Menschen ihre Kraft dem Leben gegeben, daran kann ich mich halten.

„Wir gehen zur Stadt unserer Hoffnung“

Wünsche und Visionen

Wie spatzen sind meine wünsche

Wie spatzen sind meine wünsche
freche unmusikalische vögel
oft hab ich sie weggescheucht
auch den einen oder anderen zu boden getroffen
mit meiner analytischen schleuder
und mir einfach vorgenommen
ohne spatzen zu leben
in einem wohnschacht zum beispiel
hell erleuchtet gar nicht besonders schmutzig
hübsche sachen zum aussuchen und einwickeln
finde ich dort die trag ich
von einem ende der u-bahnstation
zum andern
warum nicht gleichmäßig mein leben zubringen
ohne die störenfriede
arglos kommen sie wieder
suchen mich auf und besetzen das land
wie oft habe ich sie weggescheucht
freche unmusikalische vögel
wie spatzen ihr meine wünsche

Ich möchte hier einen Grund nennen, warum ich die Kirche brauche und ihre Tradition liebe. Sie ist ein Raum langfristiger Erinnerung der Geschichten vom möglichen Leben. Die Kirche stellt einen Raum dar, in dem solche Geschichten erzählt werden. Ich muss mich nicht nur auf meine Hoffnung verlassen, nicht nur meine Glaubenskraft stark machen. Über zweitausend Jahre lang werden buchstäblich Tag für Tag in den Einrichtungen der Synagoge und dann der Kirche die Geschichten vom Geist Gottes erzählt, vom Charme der Gnade, vom Gott der Armen, von der Bergung des verlorenen Lebens. Es wird erzählt, dass die Weinenden lachen werden, dass die Tyrannen gestürzt werden und dass die Lahmen einmal springen werden wie Hirsche. Es wird nicht verschwiegen, was dem Leben versprochen ist und wie es sein soll. Tag für Tag, Sonntag für Sonntag werden die Geschichten vom Zusammengehören, von der Geschwisterlichkeit erzählt. „Wenn wir wie Brüder / beieinander wohnten, / Gebeugte stärkten und der Schwachen schonten / dann würden wir den letzten heilgen Willen / des Herrn erfüllen“, singen wir bei der Feier des Mahls. Manchmal wird diese Geschwisterlichkeit im Raum der Kirche verdunkelt; die Hierarchie hat strukturell etwas Geschwisterfeindliches an sich. Aber es stehen immer wieder Menschen und Gruppen auf, die die alten Geschichten ausgraben und ans Licht zerren, vielleicht auch gegen die Kirche selber. Unglaubliche Geschichten wie die von der Auferstehung der verdorrten Gebeine im Buch Ezechiel brauchen einen Raum, in dem sie leben dürfen, sie sind mehr als die Phantasie und Erzählkraft eines einzelnen. Geschichten vom Leben der Verlorenen und von der Auferstehung der Toten sind ebenso unglaublich wie unentbehrlich.

Ist es nicht zumindest denkbar, dass die Gebeugten und Schwachen einen Raum haben, wo sie „wohnen“ können? Dass der Umgang der Menschen miteinander nicht von der Machtposition, die jemand hat, bestimmt wird, ja dass ihm der Geschwisterlichkeit Macht selber anders definiert wird, eben nicht als etwas, das Alleinbesitz von wenigen ist, zum Festhalten gemacht, zur Sicherung von Herrschaft verwandt, sondern dass Macht, endlich weiblich definiert, lebendig wird, wo sie anderen Anteil an sich gibt, andere er-mächtigt, sich verteilt, und so der guten Macht Gottes immer ähnlicher wird – ist das so utopisch, diese Schritte auf die Geschwisterlichkeit zu?

Hoffnungsgeschichten

Die Theologie verweist uns immer auf Empirie. Die Hoffnung hat zwei Beine: ein metaphysisches und ein empirisches. Wenn sie nicht hin und wieder ein kleines empirisches Stückchen Land sichtet, stirbt sie ab. Andererseits braucht sie auch das metaphysische Bein, damit sie, wenn nichts Positives zu sehen ist, trotzdem die Verheißung stark macht, dass die Hoffnung noch existiert. Dieses Zusammenspiel interessiert mich am meisten. Meine Hoffnung geht natürlich über die empirische Geschichte, die ich erzählen kann, hinaus. Ich benutze sie nur als eine kleine Geschichte.

Zum Beispiel: Ein Blinder wurde geheilt. Das heißt natürlich nicht, dass Jesus die ägyptische Augenkrankheit besiegt hätte. Die ersten Christen fanden sich in einer Gruppe von Menschen zusammen, die anders lebten, die diese Ermutigungsgeschichten oder Hoffnungsgeschichten sammelten. Solche Mutmachgeschichten habe ich vielfach poetisch bearbeitet. Mir geht es oft schlicht und einfach so, dass ich etwas lese und es festhalten möchte. Ich möchte Geschichten, die ich höre, rahmen, möchte irgendwie sagen: „Guckt mal, da ist etwas Wichtiges geschehen!" Aus der entsetzlichen Flut der Informationen will ich Geschichten herausnehmen und sagen, hier war etwas Besonderes. Genau das tut ein Gedicht. Manchmal ist es gar nicht sehr viel mehr, als einen kleinen Rahmen um ein Foto zu machen. Ein Gedicht hilft mir gegen das Vergessen, gegen das Weggeschwemmt-Werden. Ein Gedicht verteilt ein Stück von Hoffnung. Das sind sozusagen kleine „Mutanfälle", Hoffnungsgeschichten. Ich habe in meinem Haus eine ganze Mappe solcher Hoffnungsgeschichten, die ich sammle und aus denen ich eines Tages etwas machen will. Ich nenne das oft: Die Bibel weiterschreiben – die Bibel nicht als ein fertiges Kompendium begreifen. Beispielsweise die Geschichten des Evangeliums: Nicht zu sagen, das war damals, und heute ist das eben nicht mehr so, sondern sich den Blick der Evangelisten vorgeben lassen, das finde ich eine Hilfe, um dann wieder auf unsere Realität zu sehen.

Den eigenen Psalm finden

Poesie und Befreiung – das ist für mich ein Lebensthema. Immer wenn ich längere Zeit kein Gedicht geschrieben habe, fehlt mir etwas.

Ich versuche, in Gedichten zu sagen, was mich ärgert und was mich freut, worunter ich leide und was mich tröstet. Ein großer Teil der neueren Literatur ist ja Selbstmitleid, und es beunruhigt mich, weil ich finde, man muss Gott loben, um das so fromm zu sagen. Ohne zu loben, atmen wir nicht wirklich. Und zu nennen, was gut ist und befreiend, ist der einzige Weg, die Erfahrung der Befreiung zu verteilen. „Gott ist das Allermitteilsamste", wie Meister Eckhart sagt. Warum ist es oft so unmöglich, Gott zu verteilen?

Die Titel meiner Gedichtbände „Fliegen lernen", „Verrückt nach Licht" und „Spiel doch von Brot und Rosen" sprechen vom Glück. Es ist für mich wie Atemholen und zugleich eine zentrale Aufgabe, nicht nur über das Unglück reden zu müssen. Ich schreibe empfundenermaßen vom Hören aus und vom Gesprochenwerden. Und versuche, an sprachlicher Genauigkeit, an Ernsthaftigkeit zu arbeiten.

Es gibt einen schönen Gedanken bei Klopstock zum Thema Religion und Poesie: „Es giebt Gedanken, die beynahe nicht anders als poetisch ausgedrückt werden können; oder vielmehr, es ist der Natur gewisser Gegenstände so gemäß, sie poetisch zu denken, und zu sagen, dass sie zuviel verlieren würden, wenn es auf eine andere Art geschähe. Betrachtungen über die Allgegenwart Gottes gehören, wie mich deucht, vornähmlich hierher." Ich denke, dass Klopstock hier ein Stück Pantheismus einklagt. Die Gegenwart Gottes ist weder in der Sprache des Alltags, der Trivialität, noch in der der Wissenschaft artikulierbar.

Wenn man versucht, Gott zu verteilen, also etwas zu sagen, was über die Alltagssprache hinausgeht, dann muss man auf die Suche gehen. Und meine Suche geht nicht in die Richtung der Wissenschaft, im Gegensatz zu vielen Theologen, die eigentlich Wissenschaft machen wollen. Ich meine nicht, dass es uns weiterführt. Ich glaube, dass Theologie eher eine Kunst ist als eine Wissenschaft und sich selbst als einen solchen Versuch verstehen muss, die Grenzen der Sprache des Alltags zu überwinden in Richtung auf Kunst hin und nicht in Richtung auf Abstraktion, Rationalität und Neutralität hin. Warum hat sich eigentlich in der abendländischen Welt keine Theopoesie, nur Theologie entwickelt?

Der Versuch, Gott zu verteilen, führt mich nicht von der Realität oder den Bildern weg auf ein Abstraktionsniveau. Ich versuche, in Bildern zu denken und noch viel mehr in Geschichten, narrativ, wie man das in der Fachsprache nennt. In dieser Hinsicht habe ich immer mehr vom Judentum gelernt. Ich habe oft erlebt, was es heißt, mit jüdischen Menschen zu diskutieren. Irgendwann kommt der Punkt, wo sie das Argumentieren unterbrechen und mit unnachahmlicher Geste erklären: „Nu, will ich dir erzählen eine Geschicht“. In ähnlicher Weise funktioniert auch die jüdische Auslegung der Schrift; sie ist nicht auf dogmatische Sätze hin angelegt, sondern auf die Anwendung, die Lebensweisheit.

Auch im Gedicht habe ich oft Begebenheiten erzählt, Nachrichten, die mir wichtig waren, eingerahmt und aufbewahrt. Das narrative Element hat für mich einen poetischen Zauber.

Beten und Dichten, Gebet und Gedicht sind für mich keine Alternative. Die Botschaft, die ich überbringen möchte, soll dazu ermutigen, dass die Menschen selber sprechen lernen. Ich empfinde zum Beispiel den Gedanken, dass jeder Mensch beten kann, als eine ungeheure Betonung der humanen Kreativität. Das Christentum setzt voraus, dass alle Menschen Dichter sind, nämlich beten können. Das ist dasselbe wie: mit den Augen Gottes sehen. Wenn die Menschen mit der größten Wahrhaftigkeit, deren sie fähig sind, das zu sagen versuchen, was sie wirklich angeht, dann beten sie und sind zugleich Dichter. Das wieder auszugraben oder zu realisieren oder bekannt zu machen ist ein Ziel, das ich mit meinen Gedichten habe.

Ich habe oft das Bedürfnis, wenn ich mit jemand zusammen war und von bestimmten Punkten des Gesprächs betroffen war, dies dann aufzuschreiben und für mich selbst zu formen oder zu klären. Das ist dann so, als ob ich das Gespräch noch mal erlebte, in einer intensiveren Weise. Es hängt wohl damit zusammen, dass ich gern meine Beziehung zum Jetzt, zur Gegenwart, vertiefe, also dass ich wirklich *jetzt* leben will und nicht das Leben auf einen späteren freudvolleren Zustand verschieben möchte. Ich will das, was jetzt da ist, wahrnehmen lernen, sehen lernen, hören lernen – das heißt: aufmerksamer leben. Aufmerksam sein auch im Alltag und im Gespräch so zuhören oder nachfragen oder interpretieren – daraus wird ein Gedicht gemacht.

Unsere Sprache empfinde ich als zerstört, als wahnsinnig korrumpiert. Wenn ein Wort wie „Liebe" aufs Auto angewandt wird oder ein Wort wie „Reinheit" auf Waschmittel, dann haben diese Wörter überhaupt keinen Sinn mehr, sie sind gestohlen. Alle Wörter, die Gefühle ausdrücken, sind in diesem Sinne bei uns ungeheuer beschädigt. Das gilt erst recht für die religiöse Sprache. „Jesus Christus ist unser Erlöser" – das ist zerstörte, tote Sprache. Das heißt überhaupt nichts, das versteht kein Mensch, es ist religiöses Geschwätz, es ist massenweise vorhanden, sagt aber nichts mehr. Das meine ich, wenn ich sage: Die Sprache ist kaputt.

Ich will ein Gegenbeispiel erzählen. Meine Enkelin Johanna, fünf Jahre alt, kam aus dem Kindergarten und sagte: „Mit dem Jesus, das war ganz schlimm, den haben sie totgemacht, mit Nägeln, durch die Hand. Aber dann, da war Ostern, da ist der – hihi! – wieder aufgestanden." Für dieses fröhlich geprustete „hihi" kann ich einige Meter exegetischer Literatur weggeben.

Ich glaube, zum Schreiben gehört ein Stück Verzweiflung an der alten Sprache, also ein Stück Angeekeltsein. Das ist eine ganz natürliche Empfindung. Scham ist eine revolutionäre Empfindung, hat Marx gesagt; man muss sich schämen und darunter leiden, wie gequasselt wird, wie die Sprache zerstört wird, wie Menschen zerstört werden oder sich überhaupt nicht mehr wiederfinden in dem, was gesagt wird. In dieser Scham gehe ich auf etwas zu, um die Sprache, die ja vielleicht schon irgendwo da ist, zu finden. Ich finde zum Beispiel viel in biblischer Sprache, das ist Finden und nicht Herstellen. Ohne die Psalmen möchte ich nicht leben. Und ohne den eigenen Psalm zu finden – und wenn er auch nur so kurz ist wie Johannas „hihi“ – erst recht nicht. Es ist wichtig, dass Menschen sich ihre eigenen Schmerzen klarmachen, ihre Fragen in größerer Tiefe artikulieren und genauer sagen, dass sie – fliegen lernen.

Gemeinsames Wünschen

Simone Weil hat das Gebet als die höchste Stufe der Aufmerksamkeit beschrieben; als Beispiel für diese Versenkung und Konzentration benutzt sie übrigens die Lösung einer Mathematikaufgabe, die unsere unabgelenkte Aufmerksamkeit braucht; ein Gedicht sollte nicht weniger Aufmerksamkeit verlangen und herstellen. Es gibt ein Sprechen, das uns mit dem Grund der Tiefe des Seins in Beziehung setzt – und ohne diese Aufmerksamkeit sind wir weder schönheits- noch wahrheitsfähig. Eine solche Poesie, die zugleich Gebet ist, räumt auch mit dem Vorurteil auf, dass das Gebet etwas Privates, Unveröffentlichbares sei. Die wirkliche Aufmerksamkeit, die bei Hölderlin „Innigkeit“ heißt, kann sich um diese Rücksicht gar nicht kümmern. Alles Innere will äußerlich werden. Wenn Menschen zusammen beten, dann haben sie sich das gemeinsame Wünschen, Hoffen oder Träumen wieder erlaubt, dann finden sie die verlorene Sprache wieder, um das, was sie empfinden, miteinander zu teilen. Poesie und Gebet sind Versuche, so zu reden, dass die Trennungen von öffentlich und privat, von außen und innen sich tatsächlich erübrigen und keine Rolle mehr spielen.

Von unserem Durst leben die Wurzeln der Welt

Im November 1990 ist ein großer europäischer Dichter gestorben, Jannis Ritsos aus Griechenland. Einige seiner Texte sind von Mikis Theodorakis vertont worden, aber noch schöner ist, was ein in der DDR 1984 gedrehter Fernsehfilm festgehalten hat: Ein junger Mann kommt aus einem Laden und wird, während die Kamera läuft, gefragt, was er von Jannis Ritsos wisse, und als Antwort zitiert er spontan ein paar Verse. „Und da, mein Bruder, lernten wir, miteinander zu reden ganz ruhig und einfach. Jetzt verstehen wir uns." Ritsos galt seit den dreißiger Jahren als eine Symbolfigur für gewaltlosen Widerstand. 1936 hat er das Klagelied einer Mutter, deren Sohn bei einem Streik erschossen wurde, geschrieben – die Diktatur ließ das Buch konfiszieren und vor dem Athener Zeus-Tempel verbrennen. Während der Besetzung Griechenlands durch deutsche Truppen kämpfte Ritsos bei den kommunistischen Partisanen mit; später während der griechischen Militärdiktatur wurde er deportiert, gefoltert und verschleppt.

Es hat in einigen deutschen Medien Nachrufe auf Ritsos gegeben, aber ein Gedicht habe ich nur in einer einzigen Zeitung, die halb aus dem anderen Teil Deutschlands stammt, gefunden, im „Freitag", ein ganz wunderbares Gedicht, das Ritsos im Konzentrationslager Makronissos geschrieben hat. Das Manuskript wurde in Flaschen verschlossen in der Erde vergraben. 1950 wurden diese Gedichte ausgegraben.

„Nie hätten wir geglaubt,
dass unser Herz solchen Widerstand leistet.
Unrasiert
und in der Tasche ein Stück vom Tod:
Wo ist eine einzige Ähre, die uns grüßt?
Und dann der Abend.
Die Feldflasche der Vesper, die wir in den Sand steckten,
der Mond, der über einer anderen Küste steht

und den die Stille mit ihrem kleinen Finger vor sich
herrollt.
Zu welcher Küste, was für eine Stille?

Groß war unser Durst.
Tag für Tag schleppten wir Steine.
Von unserm Durst
leben die Wurzeln der Welt."

Aber in unserer Welt ist für Gedichte einfach kein Platz. Niemand scheint sie zu brauchen und nur selten werden sie vermisst. Hin und wieder verirrt sich eins noch in die Sonntagsausgabe einer Zeitung, aber im allgemeinen kann man sagen, dass unsere Kultur der Poesie gegenüber extrem gleichgültig ist, vielfach sogar feindlich.

Ich habe vor einigen Jahren in den USA die Erinnerung einer alten Frau in einem Leserbrief an die lokale Zeitung in New England gelesen. Sie erzählte, wie sie als junges Mädchen immer die Tageszeitung ihrem Vater wegschnappte und damit verschwand. Als er sie eines Tages zur Rede stellte, erklärte sie ihm, es sei wegen des Gedichts, das damals vor dem ersten Weltkrieg jeden Tag in der Zeitung stand. Jeden Tag gab es eins – und das junge Mädchen hat es für eine Art Lebensmittel gehalten.

Ich musste über den Brief lächeln, aber heute denke ich, er ist ein starkes Symbol der kulturellen Veränderungen, unter denen wir leben: keine Gedichte, schon gar keine, die man zweimal oder gar fünfmal lesen muss, ehe man sie versteht, schon gar keine, die jemand auswendig – wie der Verkäufer in Athen, also *by heart* – kennt, keine Sprache, die über die als normal angesehene Trivialität hinausgeht. In unseren Medien fällt ein Mensch, der zögert, ehe er antwortet, eine Frau, die stockend und nachdenklich formuliert, schon auf. Die Normen unserer Sprache werden barbarischer, und damit meine ich nicht unflätige Ausbrüche, sondern die Herrschaft von Abstraktion und Entsinnlichung. Die Sprache der Wissenschaft geht da voran mit ihrer schier unfassbaren Sucht nach komplizierender Ausdrucksweise auch für die einfachsten Sachverhalte. Ist es nicht tiefsinniger, statt Problem oder Frage „Problemkonstellation" oder „Fragenbereich" zu sagen? Und falls jemand ein Problem lösen kann, müssen wir dann nicht von den „Problemlösungspotentialen" ausgehen?

Das abstraktere Wort hat den Vorrang, es stelzt gewichtiger einher, es bläht sich mehr auf. Der Vorsitzende irgendeines Gremiums verzichtet nicht einfach, er leistet Verzicht. Er erwägt nicht, er zieht in Erwägung. Nicht seine Räume sind ungelüftet, sondern seine Räumlichkeiten. Er enthält sich nicht der Stimme, wobei man ja wirklich noch an eine heisere, rheinische, joviale oder ängstliche Stimme denken mag, sondern er „übt Stimmenthaltung". Die natürliche Sinnlichkeit der Sprache wird zurückgedrängt, als sollte alle Natur aus dieser Sprache mit Gewalt ausgetrieben werden, als dürfe sie nicht schmecken, nicht klingen, keinen Rhythmus haben und keine Anschauung wachrufen. Die Dominanz des technischen Denkens zeigt sich in dieser gefühlfreien, gesäuberten Sprache, und wie der Holzkäufer den Raum nicht besingen kann, so bleibt auch die auf Information verkürzte Sprache der Macher ohne Klang, ohne Spiel und Überschuss, ohne all das, was die Sprache der Poesie und der Religion auszeichnet.

Ich denke, dass eine poesielose Welt unerträglich wäre, weil sie uns von der Natur, von der geschaffenen Welt ausschließt und aus der Schöpfung einen zu benutzenden Haufen von Material macht. Die Zeitung, in der nie ein Gedicht erscheinen darf, ist ein Ausdruck des wunschlosen Unglücks, in dem wir leben. Denn die Poesie hat unter anderem die Aufgabe, uns an den kleinen gesetzeswidrigen Frühlingszettel, mit dem in der Tasche jeder Mensch geboren ist, zu erinnern.

Song auf dem weg nach emmaus

So lange gehen wir schon
weg von der stadt unserer hoffnung
in ein dorf wo es besser sein soll

Haben wir nicht geglaubt
wir könnten die angst überwinden
die angst der alten akkordlerin
krankgeschrieben zu werden
die angst des türkischen mädchens
ausgewiesen zu werden
die angst des gejagten kranken
eingewiesen zu werden
für immer

So lange gehen wir schon
in dieselbe die falsche richtung
weg von der stadt unserer hoffnung
in das dorf wo wasser sein soll

Haben wir nicht gedacht
wir wären frei und könnten befreien
all die kaputten typen
das arbeiterkind das sitzenbleibt und bestraft wird
den jungen auf seinem moped
zur falschen arbeit geschickt
ein leben lang
den mann der taub und stumm ist
im falschen land
zur falschen zeit
stummgemacht durch die arbeit
fürs brot allein
ein leben lang

So lange sind wir gegangen
in dieselbe die falsche richtung
weg von der stadt unserer hoffnung
die dort noch begraben liegt

Dann haben wir einen getroffen
der teilte mit uns sein brot
der zeigte das neue wasser
hier in der stadt unsrer hoffnung
ich bin das wasser
du bist das wasser
er ist das wasser
sie ist das wasser

Da kehrten wir um und gingen
in die stadt der begrabenen hoffnung
hinauf nach jerusalem

Der mit dem wasser geht mit
der mit dem brot geht mit
wir werden das wasser finden
wir werden das wasser sein

Ich bin das wasser des lebens
du bist das wasser des lebens
wir sind das wasser des lebens
ihr seid das wasser des lebens
wir werden das wasser finden
wir werden das wasser sein

Die wirklich zu leistende Arbeit wäre, einen Zwiespalt in die eigene Hoffnungslosigkeit zu treiben. Sich selber in den Unglücksrezitativen zu zementieren, ist die Sprache des Unglaubens. Christus hat nicht die Bewegungslosigkeit des Gelähmten beschrieben, nicht die Blindheit der Blinden erklärt. Der andere Blick, der „sie wird aufrecht gehen", „er wird sehen", behauptet gegen den Augenschein, ist die Voraussetzung der Heilung.

Es geht dabei nicht darum, irgendeinen Optimismus oder gar Magie gegen die massenmörderischen Tendenzen der Weltpolitik zu setzen. Das können wir den derzeit Regierenden überlassen. Wir brauchen einen längeren Atem, um widerstandsfähig zu bleiben. In Lateinamerika habe ich Hoffnung oft bei den an der Basis Arbeitenden gefunden, deren Überblick geringer, deren Analyse einfacher, deren Handlungsradius begrenzter war. Ist es denn leichter, Hoffnung zu haben, wenn sie konkreter und begrenzter ist? Dass Marias zweites Kind nicht auch an Austrocknung sterbe, dass der Wassermarsch nur mit Tränengas, nicht mit Gewehrsalven in die Menge beantwortet werde, dass es gelinge, den einen nicht bestochenen Richter in der Stadt zu finden, sind solche geringen, auf das tägliche Brot zum Überleben bezogenen Hoffnungen. Aus der Perspektive der Armen betrachtet, ist die Hoffnungslosigkeit, die wir uns leisten, eine Art von Luxus für die, die nicht in die Kämpfe verwickelt sind.

Und so nährt sich unser Zweifel an der unbezweifelbaren Macht des „Immer größer – immer schneller – immer brutaler" von den nicht voraussagbaren Geschichten der Hoffnung, die es auch bei uns zulande gibt. Ich nenne ein paar, die mich trösten und die mir helfen. In Göttingen haben die Schulkinder angefangen, ihre Stadt „dosenfrei" zu machen, weil sie keine Lollis brauchen, sondern Luft zum Atmen. In Saarbrücken unterstützt die Stadt Solarzellen und den Umstieg auf eine andere Art von Energieversorgung. Bei Dresden versuchen Leute, das gigantische Autobahnprojekt aufzuhalten. Lebensmittelketten verkaufen Kaffee zu einem gerechten Preis für die

Kleinbauern. All dies widerspricht und widersteht dem über uns herrschenden Götzen, der zur Zeit „Markt“ genannt wird. In all diesen und vielen anderen Geschichten zuckt das Leben und steht auf: Die Wahrheit über die Luft, die wir atmen, und den Kaffee, den wir trinken, hat durchaus diese Qualität, uns freizumachen von dem Projekt des Todes, das uns mitschleift. Auch der Stein auf unserem Grab liegt nicht für ewig.

Befreie uns

Herr, dein Name soll geheiligt werden. Wie geschieht das? So, dass wir die Welt vor dir vergessen und nur dich alleine heiligen, oder so, dass wir die Welt gestalten nach den Impulsen, die von dir ausgegangen sind? Wir werden dabei leicht mehr an die Welt als an dich denken, Herr. Ist dir das recht?

Befreie uns, Herr.
Lass uns nachdenken, Herr.
Gib uns Mut gegen falsche Tradition.

Dein Reich soll kommen, Herr, wie kommt es? Ist es ein Reich, das du allein bringst, ein fernes, jenseitiges Reich, das uns und unser Tun nichts angeht? Dein Wort sagt uns, dass man schon hier in diesem Reich sein kann, dass es zu kommen begann. Was ist dein Tun dabei und was das unsere?

Befreie uns, Herr.
Lass uns nachdenken, Herr.
Gib uns Mut gegen falsche Tradition.

Dein Wille soll geschehen, Herr, auf Erden wie im Himmel. Er geschieht nicht von selbst; sonst brauchten wir ja nicht darum zu bitten. Du bist kein Zauberer, der über unsere Köpfe weg die Welt verwandelt. Du willst unsere Mitarbeit, du willst unser Werk.

Befreie uns, Herr.
Lass uns nachdenken, Herr.
Gib uns Mut gegen falsche Tradition.

Unser tägliches Brot sollen wir erbitten, Herr. Unser Brot ist gefährdet – nicht durch Missernten mehr, denn es gibt ja den Weltmarkt. Es wächst genug auf dieser Erde, übergenug für alle. Unser Brot ist gefährdet durch falsche Politik.

Befreie uns, Herr.
Lass uns nachdenken, Herr.
Gib uns Mut gegen falsche Tradition.

Wir sollen dich bitten, uns nicht in Versuchung zu führen. Aber was ist die Versuchung, Herr? Ist es Versuchung, zuviel an Politik zu denken, zuviel uns um die Welt zu kümmern? So hat man uns gelehrt. Oder ist es nicht umgekehrt Versuchung, dies alles zu wenig zu tun?

Befreie uns, Herr.
Lass uns nachdenken, Herr.
Gib uns Mut gegen falsche Tradition.

Visionen voller Hoffnung

Ohne Erinnerung keine Vision, ohne Vision kein Leben; wie die Bibel sagt: „Ein Volk ohne Vision geht zugrunde" (Sprüche 29,18). Ohne Vision zu sein bedeutet so viel wie ohne messianische Hoffnung, ohne Gerechtigkeit und darum ohne Frieden zu sein. In diesem visionslosen Zustand ist es geradezu notwendig, das Elend möglichst unsichtbar zu machen, das Elend der zwei Drittel der Erdbevölkerung, das Elend neben uns, das Elend der Menschen in den reichen Industrieländern, denen das Recht auf Arbeit, Gesundheit und Behausung verkürzt oder genommen wird, und das Elend in uns, die psychische Verelendung.

Die Kraft der Utopien kommt, so lehrt die Geschichte, von den Opfern, den Beschädigten. Theologisch ausgedrückt sind sie die Lieblingskinder Gottes. Unsere Hoffnungsarmut ist ein Ausdruck unserer Apartheid. Als Freunde und Freundinnen Gottes innerhalb der reichen Welt müssten wir die Lieblingskinder Gottes „erkennen" im biblischen Sinn des Wortes, der lautet: „sich vereinigen mit".

Sheila erzählt

Sheila erzählt mir dass sie
am ostersonntag mal wieder zur kirche ging
sie wollte wissen denk ich mir
ob wir gründe haben
an auferstehung zu glauben
aus dem tod in dem wir jetzt sind

Ihre methode war einfach
sie las keinen alten text vor
sie passte nicht sonderlich auf
sie fragte die teilnehmer einfach
wie denn die andere welt aussehen soll

Das schlimme sagt sheila war nicht das lange schweigen
Man hat den leuten das reden so lange verboten
das schreckliche war was dann kam
an liebe und solchem gerede
da war keine vision sagt sheila
sie hatten nichts konkretes zu wünschen

Meinst du nicht werfe ich ein
dass es nur ein sprachproblem war
aber das ist es doch sagt sie bestürzt
ohne vision das volk gottes ohne sprache

Und wenn mich etwas tröstet
in diesem gespräch nach ostern
und vor der ausgießung des geistes
dann war es die trauer in sheilas stimme
und der schmerz in ihren augen

Das veränderte Gesicht der Erde
(mit Luise Schottroff)

Seit Jesus und in Jesus ist die Hoffnung auf der Welt gewachsen, und es gibt mehr Grund, Mut zu haben. In seinem Namen ist das Gesicht der Erde verändert worden. Sprechen wir von Christus, so nehmen wir das, was Franziskus oder Martin Luther King von Jesus gelernt haben, in unsere Beziehung mit auf; wir übernehmen die Schätze, die Menschen in der Begegnung mit Jesus gesammelt haben. Es ist der verstandene, der konkret entfaltete, der vorangehende, weiterwirkende Christus, von dem wir lernen können. Dieser Weg Christi bis zu uns hin ist nicht umsonst gewesen.

Aber um ihn als den Weg Christi zu erkennen, müssen wir uns auf den Mann aus Nazaret zurückbesinnen, weil in der Geschichte ja ebenso der missverstandene, der zurechtgestutzte, der den eigenen Interessen dienstbargemachte Christus begegnet, der sich so leicht manipulieren lässt. Schon wer ihn einfach mit den Worten der Väter weitersagt, manipuliert ihn, weil er mit den Worten der Väter zugleich die Welt der Väter zu bewahren versucht und damit die gegenwärtige Welt von diesem Christus fernhält, ob er will oder nicht. Auferstanden ist immer nur der Christus, der Gegenwart wird und der uns in unserer jetzigen Wirklichkeit die Wahrheit über unser Leben sagt. Tot bleibt der, von dem wir nichts lernen, der uns nicht verändert und der unser Gewissen nicht empfindlicher macht.

Wünsche für mein Leben

Wir warten auf einen neuen Himmel und auf eine neue Erde, und unsere Identität ist dort, wo wir noch nie waren, in der wahren Heimat der Menschen, einer Erde ohne Krieg. „Dein bin ich, o Gott" bedeutet, dass ich mich fallenlassen kann, aber es heißt auch, dass meine Wünsche für mein Leben nicht klein und ängstlich sein müssen, sondern gerade so groß wie die Wünsche und Verheißungen dessen, dem ich gehöre. Gottes Wunsch für uns ist, dass wir zum Werkzeug des Friedens werden bis in unsere Träume hinein.

Nachwort

Unsere Wünsche für das eigene Leben müssen nicht klein und ängstlich sein, sondern können „gerade so groß" sein „wie die Wünsche und Verheißungen dessen, dem ich gehöre", schreibt Dorothee Sölle. Dieser grundlegende Gedanke ist uns in ihren Texten über das menschliche Leben immer wieder begegnet. Dabei sollen nicht immer größere Ansprüche an das Leben gestellt werden; es geht ihr darum, Wünsche durch eigenes Handeln und in Verantwortung für Mitmenschen und Mitgeschöpfe zu verwirklichen. Was Menschen in ihrem Leben am nötigsten haben – Sinn, Stärkung, Liebe und Trost – erfahren sie durch ihre lebendige Beziehung zu Gott. Diese Beziehung sieht Dorothee Sölle als gegenseitige: Gott ist auch auf uns angewiesen. Dabei geht sie so weit, zu sagen, dass Gott keine anderen Hände hat als unsere. Sie traut uns Menschen viel zu: Wir können die Zukunft der Welt mitgestalten und sogar „Wunder tun". Wir können dadurch Gott trösten, der an der Welt leidet. Um diese wechselseitige Angewiesenheit von Mensch und Gott kreisen die zwölf Kapitel des Buches.

Dorothee Sölles Werk in Hinblick auf existentielle Fragen zu lesen, hat uns einen neuen Zugang zu ihren Texten eröffnet. Gleichzeitig lässt die Auswahl die Grundzüge ihrer Theologie und Lebensauffassung klarer hervortreten. Ihre Texte haben uns mit hineingenommen in eine Spiritualität, die tiefes persönliches Fragen mit einem wachen Blick für die Welt verbindet. Es ist eine Spiritualität, die auf Lebensfragen nie glatte Antwort gibt. Im Gegenteil: eine große Spannung findet sich innerhalb der zwölf Themen. Glück kann nicht ohne Schmerz gedacht werden, Tod nicht ohne Leben, Zukunft nicht ohne

Erinnerung. Gerade in den stärksten und tiefsten Erfahrungen von Liebe, mystischem Einssein und Glück ist bei Dorothee Sölle auch immer die dunkle Seite mitgedacht. Umso eindrücklicher und glaubwürdiger vermittelt sie vor diesem Hintergrund die Freude am Leben und die tragende Kraft der Hoffnung.

Dorothee Sölle hat eine kunstvolle und zugleich eigenwillige Art, ihre Gedankengänge zu formulieren. Sie unterbricht sich selbst mit Einwänden, widerspricht der Tradition und denkt in Paradoxen. „Ach fragt nicht nach der auferstehung / ein märchen aus uralten zeiten", schreibt sie im Gedicht „Über auferstehung" und beendet es mit der Aufforderung: „Ach frag du mich nach der auferstehung / ach hör nicht auf mich zu fragen". Die Spannung innerhalb ihrer theologischen Gedanken vermittelt Dorothee Sölle in Geschichten, Gesprächen, Bibelarbeiten, Gebeten und Gedichten. Die lebendige „Theopoesie", in der sich ihre Anstöße konzentrieren und kristallisieren, nimmt uns beim Lesen immer wieder besonders gefangen.

Der Rhythmus des Lebens, den Dorothee Sölle spürt, ist vielschichtig und mit manchen synkopischen Gegenimpulsen durchsetzt. Es hat uns Freude gemacht, uns auf diesen Rhythmus einzulassen, und wir hoffen, ihn durch diese Auswahl an die Leserinnen und Leser weitervermitteln zu können. Bei Dorothee Sölle möchten wir uns für ihre eindrucksvollen und inspirierenden Texte bedanken, die uns bei der Zusammenstellung häufig noch lange nachgegangen sind und uns weiterhin erfüllen.

Stuttgart, Oktober 2000 *Bettina Hertel und Birte Petersen*

Quellenverzeichnis

Evtl. Änderungen im Text sind im Einverständnis mit der Autorin vorgenommen worden.

Kapitel 1
„Wir alle sind aufgerufen, die Zeit zu heiligen“
Augenblick und Ewigkeit

Eine störung, in: verrückt nach licht, © 1984 Wolfgang Fietkau Verlag, Kleinmachnow, 164

Die drei Gestalten der Zeit, in: Dorothee Sölle / Luise Schottroff, Die Erde gehört Gott, © 1995, Peter Hammer Verlag, Wuppertal, 127–129

Achtsamkeit für das Jetzt, in: Mystik und Widerstand, © 1997 Hoffmann und Campe Verlag, Hamburg, 224–227

Der Weg nach innen, in: Die Hinreise, © Dorothee Sölle

Das X im Herzen der Welt, in: Mystik und Widerstand, © 1997 Hoffmann und Campe Verlag, Hamburg, 76–77

Ein heiliger Augenblick, in: Mystik und Widerstand, © 1997 Hoffmann und Campe Verlag, Hamburg, 219–220

Der siebte Tag, in: Den Himmel erden, © 1996 Deutscher Taschenbuch Verlag, München, 87–89

Königin Sabbat, in: Die Erde gehört Gott, © 1995 Peter Hammer Verlag, Wuppertal, 80

Eine Mystik der Gegenwart Gottes, in: Welches Christentum hat Zukunft?, © Dorothee Sölle

Ein Bild von der Zukunft, in: Die Wahrheit ist konkret, © Dorothee Sölle

Erinnerung und Gedächtnis, in: D. S. / Josef P. Mautner, Himmelsleitern, © Verlag Anton Pustet, Salzburg, München 1996, 27

Lebendige Vision, in: Ein Volk ohne Vision geht zugrunde, © Dorothee Sölle

Kapitel 2
„Und ist noch nicht erschienen, was wir sein werden"
Menschsein und Bestimmung

Definitionen des erwachsenseins, in: fliegen lernen, © 1979 Wolfgang Fietkau Verlag, Kleinmachnow, 71
Jeder Mensch ist ein Geheimnis, in: Die Hinreise, © Dorothee Sölle
Ein Funke Gottes, in: Die Erde gehört Gott, © 1995 Peter Hammer Verlag, Wuppertal, 127
Zutrauen zu sich selbst, in: Reinhold Boschki / Ekkehard Schuster (Hg), Zur Umkehr fähig, © 1999 Grünewald Verlag, Mainz, 56
„Geht aber der helle Morgenstern auf", in: Das Eis der Seele spalten, © Dorothee Sölle
Wer wartet, ist lebendig, in: Die Wahrheit ist konkret, © Dorothee Sölle
Eine zweite Welt, in: Religionsgespräche, © Dorothee Sölle
Im Bilde Gottes geschaffen, in: Im Hause des Menschenfressers, © Dorothee Sölle
Beglückende Arbeit, in: Lieben und arbeiten, Kreuz 1985, 116, © 1999 Hoffmann und Campe Verlag, Hamburg
Den Menschen nicht kleiner machen, in: Dorothee Sölle im Gespräch, © Dorothee Sölle
„Ich" sagen, in: Das Recht auf ein anderes Glück, © Dorothee Sölle
Keiner wird aufgegeben, in: Dorothee Sölle im Gespräch, © Dorothee Sölle
Jeder ist für jeden verantwortlich, in: Das Recht auf ein anderes Glück, © Dorothee Sölle
Nach Hause kommen, in: Wie den Menschen Flügel wachsen, © Dorothee Sölle
Im Fluss des Lebens, in: Teschuwa, © Dorothee Sölle
Leben ist ein Geschenk, in: Dorothee Sölle im Gespräch, © Dorothee Sölle
Die vier Elemente berühren, in: Dorothee Sölle im Gespräch, © Dorothee Sölle

Kapitel 3
„Gib mir die Gabe der Tränen, gib mir die Gabe der Sprache"
Angst und Trost

Deine angst meine angst, in: fliegen lernen, © 1979 Wolfgang Fietkau Verlag, Kleinmachnow, 54

Die größte Vollkommenheit, in: Das Fenster der Verwundbarkeit, © Dorothee Sölle

Kyrie, in: zivil und ungehorsam, © 1990 Wolfgang Fietkau Verlag, Kleinmachnow, 69

Die Verwandlung der Ängste, in: Das Recht auf ein anderes Glück, © Dorothee Sölle

Ein klagegebet, in: zivil und ungehorsam, © 1990 Wolfgang Fietkau Verlag, Kleinmachnow, 3

Weinen und Trost, in: Gegenwind, © 1995 Hoffmann und Campe Verlag, Hamburg, 162–164

Ein feigenbaum, in: loben ohne lügen, © 2000 Wolfgang Fietkau Verlag, Kleinmachnow, 16

Eine Heilige unserer Tage, in: Gegenwind, © 1995 Hoffmann und Campe Verlag, Hamburg, 164–166

Gib mir die gabe der tränen gott, in: fliegen lernen, © 1979 Wolfgang Fietkau Verlag, Kleinmachnow, 35

Der Heilige Geist tröstet, in: Die Wahrheit ist konkret, © Dorothee Sölle

Angst vor dem Getröstetwerden, in: Die Hinreise, © Dorothee Sölle

Eine frau aus dem volk der dene, in: verrückt nach licht, © 1984 Wolfgang Fietkau Verlag, Kleinmachnow, 43

Klavier üben, in: verrückt nach licht, © 1984 Wolfgang Fietkau Verlag, Kleinmachnow, 19

Kapitel 4
„Du sollst die Liebe blühen lassen"
Sehnsucht und Hingabe

Gott behüte dich, in: spiel doch von brot und rosen, © 1981 Wolfgang Fietkau Verlag, Kleinmachnow, 63

Je mehr ein Mensch liebt, in: Dorothee Sölle im Gespräch, © Dorothee Sölle

Du sagst mir was dich an mir erschreckt, in: spiel doch von brot und rosen, © 1981 Wolfgang Fietkau Verlag, Kleinmachnow, 65

Vertrauen und Ekstase, in: Lieben und arbeiten, Kreuz 1985, 178–182, © 1999 Hoffmann und Campe Verlag, Hamburg

Bibel und Sexualität, in: Den Himmel erden, © 1996 Deutscher Taschenbuch Verlag, München, 104–105

Die ersten Menschen, in: Große Frauen der Bibel, © Dorothee Sölle

Die pfirsiche sind reif in deinem garten, in: fliegen lernen, © 1979 Wolfgang Fietkau Verlag, Kleinmachnow, 47

Wir haben nie genug geliebt, in: Das Recht auf ein anderes Glück, © Dorothee Sölle

Annäherungsversuche in trauer und kurzer zeit, in: Fliegen lernen, © Wolfgang Fietkau Verlag, Kleinmachnow 1979, 70

Das Feuer, das unsere Liebe trägt, in: Das Recht auf ein anderes Glück, © Dorothee Sölle

Wohnen, in: spiel doch von brot und rosen, © 1981 Wolfgang Fietkau Verlag, Kleinmachnow, 80

Mit dem eigenen Leben antworten, in: Politische Theologie, © Dorothee Sölle

Gott braucht unsere Liebe, in: Dorothee Sölle im Gespräch, © Dorothee Sölle

„Bei mir biste schejn", in: spiel doch von brot und rosen, © 1981 Wolfgang Fietkau Verlag, Kleinmachnow, 49

Eins werden mit der Liebe, in: Es muss doch mehr als alles geben, © 1992 Hoffmann und Campe Verlag, Hamburg, 62

Die drei geschenke, in: verrückt nach licht, © 1984 Wolfgang Fietkau Verlag, Kleinmachnow, 96

Kapitel 5
„Gottes Schmerz umfängt meinen Schmerz"
Leid und Verletzlichkeit

Gebet zu ersten mose 32 vers 23 bis 33, in: zivil und ungehorsam, © 1990 Wolfgang Fietkau Verlag, Kleinmachnow, 115

Gottes Schmerz und unsere Schmerzen, in: Es muss doch mehr als alles geben, © 1992 Hoffmann und Campe Verlag, Hamburg, 89–90, 97–102

Allmacht und Leiden, in: Zur Umkehr fähig, © 1999 Grünewald Verlag, Mainz, 97–98

Anteil nehmen, in: Das Fenster der Verwundbarkeit, © Dorothee Sölle

Zur äußersten Aufmerksamkeit kommen, in: Leiden, © Dorothee Sölle

Der schrei des leidens, in: verrückt nach licht, © 1984 Wolfgang Fietkau Verlag, Kleinmachnow, 103

Ohne Schutz leben, in: Im Hause des Menschenfressers, © Dorothee Sölle

Das Kreuz wird grünen und blühen, in: Es muss doch mehr als alles geben, © 1992 Hoffmann und Campe Verlag, Hamburg, 131

Der Trost der Heiligen, in: Leiden, © Dorothee Sölle

Es gibt kein falsches Leid, in: Leiden, © Dorothee Sölle

Etwas für Gott tun, in: Stellvertretung, © Dorothee Sölle

Die Zeit der Ohnmacht geht zu Ende *(mit Luise Schottroff)*, in: Dorothee Sölle / Luise Schottroff, Jesus von Nazaret, © 2000 Deutscher Taschenbuch Verlag, München, 107, 110–112

Er wird abwischen alle Tränen, in: Hannas Aufbruch, © Dorothee Sölle

Kapitel 6
„Was tust du, fragt mich der Engel"
Gerechtigkeit und Verantwortung

Was hast du getan wird der engel mich fragen, in: fliegen lernen, © 1979 Wolfgang Fietkau Verlag, Kleinmachnow, 19

Hände, die heilen, in: Hannas Aufbruch, © Dorothee Sölle

Wir alle können auch Wunder tun, in: Träume mich, Gott, © 1994 Peter Hammer Verlag, Wuppertal, 97

Am Mantel Gottes mitstricken, in: Es muss doch mehr als alles geben, © 1992 Hoffmann und Campe Verlag, Hamburg, 20

Mütterlichkeit ist unteilbar, in: Gegenwind, © 1995 Hoffmann und Campe Verlag, Hamburg, 91–93

Anne Franks Stimme, in: Gegenwind, © 1995 Hoffmann und Campe Verlag, Hamburg, 32–35

Als sich eine schülerin das leben genommen hat, in: die revolutionäre geduld, © 1974 Wolfgang Fietkau Verlag, Kleinmachnow, 22

Meditationen zu den Zehn Geboten, in: Den Himmel erden, © 1996 Deutscher Taschenbuch Verlag, München, 116–119

Auf der Seite der Armen stehen in: Mutanfälle, © 1993 Hoffmann und Campe Verlag, Hamburg, 159–160

Wie ich höre, in: meditationen und gebrauchstexte, © 1969 Wolfgang Fietkau Verlag, Kleinmachnow, 28

Gott braucht uns, in: Gott denken, © Dorothee Sölle

Antworten, in: Atheistisch an Gott glauben, © Dorothee Sölle

Kapitel 7
„Einmal werden die Bäume die Lehrer sein“
Schöpfung und Verbundenheit

Vom baum lernen, in: fliegen lernen, © 1979 Wolfgang Fietkau Verlag, Kleinmachnow, 4

Kinder einer Mutter, in: Die Erde gehört Gott, © 1995 Peter Hammer Verlag, Wuppertal, 120

Von Gott geschaffen, in: Gott denken, © Dorothee Sölle

Heiliger franziskus, in: die revolutionäre geduld, © 1974 Wolfgang Fietkau Verlag, Kleinmachnow, 7

An die Güte der Schöpfung glauben, in: Gott denken, © Dorothee Sölle

Ein anderes Verhältnis zur Erde, in: Mystik und Widerstand, © 1997 Hoffmann und Campe Verlag, Hamburg, 146–150

„Grünkraft“, in: O Grün des Fingers Gottes, © Dorothee Sölle

Die Erde dreht sich zärtlich, in: Die Erde gehört Gott, © 1995 Peter Hammer Verlag, Wuppertal, 43

Mitschöpfer werden, in: Lieben und arbeiten, Kreuz 1985, 57, 59, © 1999 Hoffmann und Campe Verlag, Hamburg

„Blumen Christi“, in: Die Erde gehört Gott, © 1995 Peter Hammer Verlag, Wuppertal, 125–126

Liebe zur Schönheit, in: Lieben und arbeiten, Kreuz 1985, 68–69, © 1999 Hoffmann und Campe Verlag, Hamburg

Kapitel 8
„Der Friede ist ein Hirsekorn, klitzeklein"
Sanftmut und Gewaltlosigkeit

Kinderfragen, in: spiel doch von brot und rosen, © 1981 Wolfgang Fietkau Verlag, Kleinmachnow, 43

Das Netz der Gewalt zerreißen, in: Gewalt – Ich soll mich nicht gewöhnen, © Dorothee Sölle

Der dritte weg, in: zivil und ungehorsam, © 1990 Wolfgang Fietkau Verlag, Kleinmachnow, 137

Zorn und Mut, in: Ein Volk ohne Vision geht zugrunde, © Dorothee Sölle

„Unsere Waffe ist, keine zu haben", in: Mystik und Widerstand, © 1997 Hoffmann und Campe Verlag, Hamburg, 337–341

Ein brief, in: spiel doch von brot und rosen, © 1981 Wolfgang Fietkau Verlag, Kleinmachnow, 21

Sehnsucht nach Gerechtigkeit, in: Ein Volk ohne Vision geht zugrunde, © Dorothee Sölle

Kampf und kontemplation, in: verrückt nach licht, © 1984 Wolfgang Fietkau Verlag, Kleinmachnow, 9

Schalom, in: Gott denken, © Dorothee Sölle

Die verbreitung des windes, in: verrückt nach licht, © 1984 Wolfgang Fietkau Verlag, Kleinmachnow, 37

Kapitel 9
„Der helle Morgenstern geht auf in meiner Seele"
Freude und Glück

Der vorgang des sicherinnerns, in: spiel doch von brot und rosen, © 1981 Wolfgang Fietkau Verlag, Kleinmachnow, 5

Die Freude wachsen lassen, in: Lieben und arbeiten, Kreuz 1985, 70, © 1999 Hoffmann und Campe Verlag, Hamburg

Den Staub aus der Seele vertreiben, in: Mystik und Widerstand, © 1997 Hoffmann und Campe Verlag, Hamburg, 228

Glück und Schmerz, in: Welches Christentum hat Zukunft, © Dorothee Sölle

Ich hätte dir gern die magnolien am broadway gezeigt, in: fliegen lernen, © 1979 Wolfgang Fietkau Verlag, Kleinmachnow, 17

Geteiltes Brot *(mit Luise Schottroff)*, in: Dorothee Sölle / Luise Schottroff, Jesus von Nazaret, © 2000 Deutscher Taschenbuch Verlag, München, 84–85

An die freude, in: spiel doch von brot und rosen, © 1981 Wolfgang Fietkau Verlag, Kleinmachnow, 53
Vom Leben getragen, in: Phantasie und Gehorsam, © Dorothee Sölle
Ein Lied voller Jubel, in: Große Frauen der Bibel, © Dorothee Sölle
Die tiefste Glückserfahrung, in: Dorothee Sölle im Gespräch, © Dorothee Sölle
Das Glück des anderen, in: Aufrüstung tötet auch ohne Krieg, © Dorothee Sölle
Tanzen und Springen, in: Mystik und Widerstand, © 1997 Hoffmann und Campe Verlag, Hamburg, 231–234
Wie sehr loben ihn die kinder, in: fliegen lernen, © 1979 Wolfgang Fietkau Verlag, Kleinmachnow, 5

Kapitel 10
„Nicht wir geben dem Leben Sinn, das Leben gibt uns Sinn" Suchen und Gefundenwerden

Die himmelsleiter im central parc, in: verrückt nach licht, © 1984 Wolfgang Fietkau Verlag, Kleinmachnow, 136
Engel, in: Gott denken, © Dorothee Sölle
Der sakrale Raum, in: Gott im Müll, © 1992 Deutscher Taschenbuch Verlag, München, 99
Gefundenwerden, in: Gott denken, © Dorothee Sölle
Zu besuch bei den armen im glänzenden manhattan, in: zivil und ungehorsam, © 1990 Wolfgang Fietkau Verlag, Kleinmachnow, 93
Gotteshunger, in: Aufrüstung tötet auch ohne Krieg, © Dorothee Sölle
Ich dein baum, in: loben ohne lügen, © 2000 Wolfgang Fietkau Verlag, Kleinmachnow, 12
Mystische Reise, in: Mystik und Widerstand, © 1997 Hoffmann und Campe Verlag, Hamburg, 124–128
Der Wunsch, ganz zu sein, in: Religionsgespräche, © Dorothee Sölle
Hunger nach Sinn, in: Das Kreuz: Baum des Lebens, © Dorothee Sölle
Von ganzem Herzen, in: Im Hause des Menschenfressers, © Dorothee Sölle
Sinn und Sehnsucht, in: Die Hinreise, © Dorothee Sölle

Kapitel 11
„Singen werd ich und dem Tod Land abgewinnen mit jedem Ton“
Sterben und Auferstehung

Über auferstehung, in: fliegen lernen, © 1979 Wolfgang Fietkau Verlag, Kleinmachnow, 21

„Frau, warum weinst du“, in: Große Frauen der Bibel, © Dorothee Sölle

Mütter, in: zivil und ungehorsam, © 1990 Wolfgang Fietkau Verlag, Kleinmachnow, 8

Übergang, in: Gegenwind, © 1995 Hoffmann und Campe Verlag, Hamburg, 291–295

Gegen den tod, in: zivil und ungehorsam, © 1990 Wolfgang Fietkau Verlag, Kleinmachnow, 49

Leichter werden, in: Gegenwind, © 1995 Hoffmann und Campe Verlag, Hamburg, 301–303

Erinnere dich an gotama, in: meditationen und gebrauchstexte, © 1969 Wolfgang Fietkau Verlag, Kleinmachnow, 20–21

Die Umrisse des Gelobten Landes, in: Die Hinreise, © Dorothee Sölle

Die dreizehn Rosen, in: Den Himmel erden, © 1996 Deutscher Taschenbuch Verlag, München, 143–145

Zur Sprache finden, in: Leiden, © Dorothee Sölle

Jeremy, in: Ein Volk ohne Vision geht zugrunde, © Dorothee Sölle

Todesschrecken, in: verrückt nach licht, © 1984 Wolfgang Fietkau Verlag, Kleinmachnow, 62

Die Welt – erlöst, in: Träume mich Gott, © 1994 Peter Hammer Verlag, Wuppertal, 110–111

Kapitel 12
„Wir gehen zur Stadt unserer Hoffnung"
Wünsche und Visionen

Wie spatzen sind meine wünsche, in: spiel doch von brot und rosen, © 1981 Wolfgang Fietkau Verlag, Kleinmachnow, 161

Zusammengehören, in: Mutanfälle, © 1993 Hoffmann und Campe Verlag, Hamburg, 47–48

Hoffnungsgeschichten, in: Zur Umkehr fähig, © 1999 Grünewald Verlag, Mainz, 91–92

Den eigenen Psalm finden, in: Gegenwind, © 1995 Hoffmann und Campe Verlag, Hamburg, 286–290

Gemeinsames Wünschen, in: Das Eis der Seele spalten, © Dorothee Sölle

Von unserem Durst leben die Wurzeln der Welt, in: Das Eis der Seele spalten, © Dorothee Sölle

Song auf dem weg nach emmaus, in: die revolutionäre geduld, © 1974 Wolfgang Fietkau Verlag, Kleinmachnow, 10–11

Der längere Atem, in: Mutanfälle, © 1993 Hoffmann und Campe Verlag, Hamburg, 36–37

Befreie uns, in: Politisches Nachtgebet I, © Dorothee Sölle

Visionen voller Hoffnung, in: Wider den Luxus der Hoffnungslosigkeit, © Dorothee Sölle

Sheila erzählt, in: spiel doch von brot und rosen, © 1981 Wolfgang Fietkau Verlag, Kleinmachnow, 107

Das veränderte Gesicht der Erde *(mit Luise Schottroff)*, in: Dorothee Sölle / Luise Schottroff, Jesus von Nazaret, © 2000 Deutscher Taschenbuch Verlag, München, 141

Wünsche für mein Leben, in: Und ist noch nicht erschienen, © Dorothee Sölle

Dorothee Sölle
Das poetische Werk

Loben ohne Lügen
Gedichte. 1. Auflage 2000
116 Seiten, DM 22,–, ISBN 3-87352-505-4

Zivil und ungehorsam
Gedichte. 2. Auflage
152 Seiten, DM 24.–, ISBN 3-87352-504-6

Verrückt nach Licht
Gedichte, 2. Auflage
176 Seiten, DM 24,–, ISBN 3-87352-503-8

Spiel doch von Brot und Rosen
Gedichte, 3. Auflage
128 Seiten, DM 20,–, ISBN 3-87352-502-X

Fliegen lernen
Gedichte, 5. Auflage
84 Seiten DM 16,–, ISBN 3-87352-501-1

Die revolutionäre Geduld
Gedichte, »schritte« 26, 3. Auflage
36 Seiten, DM 7,50, ISBN 3-87352-026-5

Meditationen & Gebrauchstexte
Gedichte, »schritte« 16, 4. Auflage
36 Seiten, DM 7,50, ISBN 3-87352-016-8